虎岩朋加
TOMOKA TORAIWA

教室から編みだす フェミニズム

——フェミニスト・ペダゴジーの挑戦

大月書店

もくじ

第2章 ポストフェミニズムにおける女性の主体性

第3章　学校教育のなかの二重基準と二重意識

97

第4章 性差別はそこにあるのに、私たちはみんな見えなくさせられている

第5章 困難な「セーフ・スペース」づくり

第6章 情動のフェミニズム教育

終章

序章

女性に向けられる否定的まなざし

「どんくさい」この言葉を聞くと、いまだに胸の奥が苦しくなり、呼吸が浅くなる。「どんくさい」とは、私に向けられた言葉である。「どんくさい」は私の学校経験を決定づけた。どこにいても、「どんくさい」がつきまとう。

ドッジボールの時間。ボールを受ければいいのに、ボールに向かうのが怖い。だから逃げるしかない。当てられないように必死で逃げ回る。しかし身体が思うように動かない。遅い。転ぶと立ち上がれない。私は格好の的で、すぐに当てられる。男子たちやドッジボールが得意な女子たちが、私を「どんくさい」と言う。「どんくさい」ヤツから当ててやれと。

英語の授業。当てられた私は、答えることができない。次に当てられた男子生徒が、何やら英語で答えている。彼の口から私の名前が発音されている。教室が爆笑する。先生も笑う。どうやら私を英語でからかったらしい。何を言われたのかわからないが、みんなが笑っているから、私も「えへへ」と笑っておく。おそらく私が「どんくさい」から、みんなが笑ったのだろう。先生も私が英語を苦手としていることを知っている。「どんくさい」から仕方がないと思っているのだろう。

中学生になると身体の発達のせいで身体が重くなる。「どんくさい」という言葉が自分の身体が経験することとますます合致してくる。走ると身体が重い。持久走も辛い。足が上がらず、腕も上がらず、胸も揺れて、「どんくさい」自分の身体がさらされてしまう。それをすでに走り終わった級友たちに見られている。その恥ずかしさが、さらに走りをぎこちなくさせる。笑われているかもしれない、噂されているかもしれない。そんな考えが頭をよぎる。息が上がり苦しいうえに、恥ずかしさでさらに苦しくなる。「どんくさい」をみんなに披露してしまっている。先生は、私の気持ちなどおかまいなく、にやにやしながら「足が上がってないぞー」と大声で言っている。なんで、先生は「どんくさい」をみんなにさらすことを強制するんだろう。

「どんくさい」は私が自分を理解するうえで、つねに中心的な役割を果たした。英語の授業がわからないのも、体育が苦手なのも、自分が「どんくさい」せいだからと考えた。「どんくさい」せいで、テキパキと判断できない。「どんくさい」から言いたいことをうまく表現できない。サクサクと言葉が出てこない。「どんくさい」せいで、動きも鈍い。「どんくさい」せいで、あれもこれもそれもあきらめなければならない。「どんくさい」のは私なのだから、仕方がない。

教室のなかでのやりとりが、そして先生までもが、「どんくさい」という視線で私を見るような環境を用意する。こうして私は、いつの間にか自分自身を「どんくさい」存在とみなし、「どんくさい」のは仕方がないと思いながら教室のなかで過ごすようになった。

これは私の経験である。だが、同様な経験は、別の形で多くの児童・生徒・学生たちが経験しているに違いない。女の子たちだけでなく、男の子たちも同様である。教育者によって意識的・無意識的に用意される教育環境——そのなかで特定のやりとりが促され、特定のやりとりが抑圧される——により、児童・生徒・学生たちによる自己理解の中核となるような何かがつねに生み出されている。

教育者が教室に入り授業を始める時、教育者は単に数学や文学や他の教科について教えているのではない。教育者はそれ以上のことをおこなっている。教室のなかで特定の規律訓練を子どもたちに遵守させることによって、特定の身体のふるまいを生み出しているのだ。例えば、手を挙げなければ発言できないとか、チャイムが鳴ったら起立するとかがそうだ。あるいは、教育者は子どもたちとのやりとりを通して、子どもたちが人とどのように関係を結ぶかということについて特定のやり方を身につけていくように導く。それだけでなく、子どもたちが自分自身とどういう関係を築いていくか、何を学ぶか、どのように学ぶかということにまで、教育者たちは影響を与えているのである。英語の教師が生徒たちと「どんくさい」私を一緒に笑ったことで、また、体育の教師が「どんくさい」私を級友たちにさらすことで、教師のそのふるまいが私のあり方に影響を与えた。私が私自身に対する「まなざし」を身につけ、それに沿って自分の学びを限定したり、あきらめたり、特定の道に方向づけていったようにである。

教育者たちの教室のなかでのふるまい、児童・生徒・学生たちとのやりとりは、女性に限定されないものの、とりわけ女性に実質的な影響を与える。後の章で詳しく説明するが、その影響は、教室のなかでの自分のふるまいを無意識に統制することが習慣になることや、「二重意識」を持って自分自身を理解することが当たり前になること、その結果、自分という存在に最も忠実な自己表現をできないことなどである。

フェミニズム教育の構想への試み

本書はフェミニスト・ペダゴジーやフェミニズムと教育に関する現在の議論に依拠しつつ、教室のなかでの児童・生徒・学生たちへの、とりわけ女性たちへの教育の実質的な影響を論じるとともに、教室での女性たちの自分や他者との新たな関わり方の可能性を開くフェミニズム教育の構想を試みる。

フェミニズム教育とここで名づけるものについて、一応の解説を試みたい。

フェミニズム教育は、概して言えば feminist pedagogy《フェミニスト ペダゴジー》、あるいは feminist pedagogies《フェミニスト ペダゴジーズ》と呼ばれるものを指している。feminisit pedagogy または feminist pedagogies は、日本語では多くの場合フェミニスト・ペダゴジーと訳される。意味を訳さず、英語の読みをカタカナで表現しているので、余計に理解が難しい。さらに、フェミニスト・ペダゴジーは、この言葉が使われる界隈に暮らしていない限り、馴染みが薄い言葉であるうえに、誤解や反発を招く言葉でもある。

ペダゴジーという言葉は、英語では pedagogy である。英語の辞書では教育理論や教育学と訳される。ペダゴジーは古代ギリシャ語の παιδαγωγία《パイダゴーギア》を起源としている。παῖς《パイス》（子ども）と ἄγω《アゴー》（私は導く）からなる語である。[1] 語の変遷の過程では、教授をする場所や、教授や指導を意味した時代もあった。現代の教育学においては、単に指導や教授を示すものではなく、教育の哲学や方法論や理論を意味している。ペダゴジーには、どのように教えるのか、何を教えるのか、どのような学びを目指すのかなど、教育を通して実現すべき理想に向けて立てられる、さまざまな問いと決定が含まれる。より直接的には目下の教育環境を、目指すべきものに変革していくことを念頭に置いておこなわれる。だが、変革を教室のなかにとどめることを意図してはいない。どのような社会構築や人間形成を目指すのかという観点から、どのように教えるのか、何を教えるのか、どのような学びを目指すのかについての決定はおこなわれている。つまり、特定のペダゴジーを通して特定の理想社会や特定の人間観を実現することを意図しており、その意味では、より大きな理想が特定のペダゴジーには息づいている。

フェミニスト・ペダゴジーという場合、そのペダゴジーに息づいているのはフェミニズムの思想であり運動である。フェミニズムが目指す人間主体のあり方や理想の社会の実現を目指しておこなわれる教育であると言える。しかし、周知のとおり、フェミニズムの定義は一様ではないことをここではいったん確認しておきたい。

さて、フェミニストという部分である。英語のfeminist《フェミニスト》は名詞でもあるが、形容詞的にも使われる。名詞のfeministはいわゆる日本語でフェミニストとして理解される内容と同じである。すなわち辞書的な意味では「男女同権論者」「女権拡張論者」「女性に対する差別や不平等の解消を唱える人」である。この辞書的な意味にフェミニズムの定義が一様ではないことがすでに示されている。それぞれの訳語がもたらす印象が異なるのである。さらにフェミニストという言葉は否定的なラベルとしても利用され、何らかの反感や拒否反応を引き起こす場合も

1 Oxford English Dictionary. (n.d.). pedagogy. In OED.com. https://www.oed.com/

ある。
形容詞的に使われるfeminist《フェミニスト》は、フェミニズムに共感を覚えて、フェミニズムを支持して、とか、性の平等という考え方に基づいて女性の権利を擁護して、とか、といった意味である。feminist pedagogy《フェミニスト ペダゴジー》のfeministの部分は、英語では形容詞的に使われている。ところが日本語でフェミニスト・ペダゴジーと言うと、どうしてもフェミニストに対する名詞の理解が先立ち、否定的なラベルとしても機能する「フェミニスト」という人たちがやっている偏向教育のようにも理解されてしまうことがある。

だが実際には、feminist pedagogyとは、フェミニズムという考え方や運動が息づく教育の哲学であり、また教育の方法論であり理論であって、「フェミニストと呼ばれる人たちがやっているカルト的教育手法や偏向教育」ではない。ペダゴジーは先ほども書いたように、教育の果てにたどり着きたいものとして何らかの人間観や社会観を持ち合わせており、だから、いま現在の教育や教授や指導のあり方が、実際にどんな効果を人間や社会にもたらしているのかを批判的に分析するための思想基盤にもなりうる。また、どんな教育や教授や指導のあり方が、より望ましいのかということを考察する思想的な土台も提供する。

要するにfeminist pedagogyは、フェミニズムの思想や運動の観点から、現在の教育や教授、指導、さらには教育者と被教育者の教育的な関係や教育環境などを、批判的に分析するものである。さらには、フェミニズムの思想や運動の観点から、より望ましい教育的関係性や教育の環境、教育実践自体を考察するものでもある。したがって、もし日本語にするのだとしたら、フェミニズム教育論とかフェミニズム教育学とでもすべきなのであろう。本書では、feminist pedagogy をフェミニズム教育と理解して、なぜ、そしてどのようにフェミニズム教育の考え方が、いまの日本の教育を考えるうえで、とても重要な視点を提供するのかということを読者とともに探る。

だが、既述したように、フェミニズムという言葉は一枚岩ではない。フェミニズムと一口に言っても、例えば、シェリル・サンドバーグ（Sheryl Sandberg）が主張するようなリーン・インのフェミニズムもあれば[2]、チママンダ・ンゴズィ・アディーチェ（Chimamanda Ngozi Adichie）の述べるような「男も女もみんなフェミニストでなきゃ」的なフェミニズムもある[3]。上野千鶴子氏が定義する「弱者が弱者のままで、尊重されることを求める思想」というフ

2 シェリル・サンドバーグ『LEAN IN（リーン・イン）女性、仕事、リーダーへの意欲』（村井章子訳）、日本経済新聞出版社、2013年。Sandberg, S. (2013). *Lean In: Women, work, and the will to lead*. Alfred A. Knopf.

3 チママンダ・ンゴズィ・アディーチェ『男も女もみんなフェミニストでなきゃ』（くぼたのぞみ訳）河出書房新社、2017年。Adichie, C. N. (2014). *We should all be feminists*. Fourth Estate.

ェミニズムもあれば、[4] 岡野八代氏の言うような、人は根源的に他者に依存する存在であるという事実に基づき、他者に危害を加えないという徹底的な非暴力の実践を学ぶ思想としてのフェミニズムもある。[5] フェミニズムの思想と運動が息づく教育＝フェミニズム教育（feminist pedagogy）とする本書においては、フェミニズムとは何なのか、フェミニズムをどのように捉えるのかという問いは、どのような教育を構想するのかという問いと直結することになる。

本書の構成

それでは各章ごとの論点について紹介する。

第1章では「権力」という観点から、フェミニズムのさまざまな考え方を整理する。権力と聞くと、特定の地位にある人が独占的に持つ力と理解されるかもしれない。権力を持つ者と権力を奪われた者という考え方は、権力を一面的に捉えているにすぎない。フェミニズムのさまざまな考え方は、権力をどう捉えるかによって特徴づけられる側面がある。例えば、男が持つ権力を同じように女も持つようにするという考え方があるかもしれない。あるいは男が持っているものに基づいて権力が決定されるのであれば、女が持っているものに基づいて権力の意味を書き換えるという考え方もあるだろう。本書が権力について特に強調したい考え方とは、権力は誰かに独占的に持たれるものというよりも、むしろ、抑圧されている者も権力関係の産出に参加しているという点である。現実においては、確かにさまざまな資源や権力が「男」という性に分類された人々に偏って割り振られている。政治や経済においても、意思決定に関わる人の多くが「男」であるし、男女の間に賃金格差もあれば、4年制大学進学率も男性の方が高い。しかしながら、男の持っている権力や資源を女にも同じように割り当てても性差別の問題は解決しない。たとえ女の持っている特性を、権力や資源を割り当てる原理にしたとしても同様である。さらには女性だけで別の世界を作ったとしても性差別がなくなるわけではない。

教育の観点から見ると、フェミニズムは教育や研究環境における性差別や男性中心主義という文化を変えようとしてきた。フェミニズムは特に大学の場で、新たな知の探究や学問のあり方、教育の方法論を模索した。そこで登場したのが「女性学（women's studies）」という学際的な学問分野や「フェミニスト・ペダゴジー」という教育論である。フェミニスト・ペダゴジーの論者たちは、男性中心主義的で性差別的な教育環境のなかで女性たちは抑圧され差別され続けると批判し、女性たちが自らを抑圧から解放することができる教育実践をもくろんだ。し

---

4 上野千鶴子『生き延びるための思想 新版』岩波書店、2012年、vi頁、358-359頁。
5 岡野八代『フェミニズムの政治学——ケアの倫理をグローバル社会へ』みすず書房、2012年。

かし、抑圧され差別されている者たちも差別構造を再生産しているという観点が、当時のフェミニスト・ペダゴジーを実践する者たちに十分に共有されていたとは言い難い。

抑圧されている者たちが差別構造を再生産しているということには二つの側面がある。一つ目は（例えば性別という）ある一面では差別を受ける者かもしれないが、（例えば人種という）他の面では特権を持つ者かもしれないという側面である。人種という側面で特権を得ているにもかかわらずその特権には意識を向けず、女性という立場からの権利主張をするばかりであれば、人種に基づく差別構造や権力関係の維持再生産に参加していると言わざるをえない。二つ目は差別を受ける者——その結果抑圧を感じる——という立場が自分の言動や感情にまで染み渡ってしまって、何を言っても、何を考えても、何をおこなっても、それらが差別構造や権力関係の維持再生産につながってしまうという側面である。どちらの側面も権力とは誰かが持っていて、誰かが奪われているという考え方を否定する。権力は関係性のなかで理解されるべきものであり、そのすべての参加者によって権力関係は生産され維持される。

このように権力を考えた時、フェミニスト・ペダゴジーには限界が見出される。その限界は、何を言っても、何を考えても、何をおこなってもそれらが既存の権力関係の産出に貢献してしまうということ、そして、考えたり、言ったり、おこなったりすることのまさに基盤にある「言葉」がすでに男性中心主義的で、性差別的で、人種主義的で、新自由主義的で、植民地主義的で、白人至上主義的で、西洋中心主義的（このリストはどこまでも続く）……だということに関係している。既存の権力関係とは全く異なる新しい「言葉」で考え、言動しない限り、どんな抵抗も既存の権力関係に吸収されてしまう。フェミニズムは性差別や男性中心主義的文化への抵抗を経て新たな人間同士の関係を構想しようとしたのであるが、それがはたして成功したのだろうか。

現代の日本社会では、女性たちが考えたり、言ったり、おこなったりするもののまさに基盤にある「言葉」が、伝統的な性別役割を再生産するだけでなく、「ポストフェミニズム」という状況を肯定し維持し続けるようなものに変質した。第2章では「ポストフェミニズム」という現代の状況のなかで、「ポストフェミニズム」に特徴づけられる行動様式や感情のあり方が既存の権力関係をさらに強力に維持し産出し続けていることを理解する。

「ポスト」と名がつくように、フェミニズム後の状況を指し示す「ポストフェミニズム」は、一般に欧米では、フェミニズムの目指したものは達成されて、女性たちは自分のことを自分で自由に決められるようになったという状況を示す。さらには「フェミニズム」への反感も暗示されており、「フェミニズム」の女性たちはおしゃれも女性性も楽しんでいないというイメージを普及させているのも「ポストフェミニズム」である。日本で、女性たちが社会経済分野に進出するようになったことはフェミニズムのおかげであるという理由づけがされることはないが、それでも「ポストフェミニズム」の状況にあることは間違いないだろう。

この「ポストフェミニズム」の状況が実際にどのような「言葉」で成り立っているかと言えば、「新自由主義」の言葉だ。それは、個人に起業家たれ、自由であれ、競争せよ、自己に投資せよ、自分の責任において行動し、それによって得られる成果を（そして失敗を）全部自分のものにせよと人々に語りかける。「新自由主義」の言葉は、いまや人々を良き生に導く原理として社会の隅々にまで埋め込まれていて、人々は「新自由主義」の言葉で考えたり、言ったり、おこなったり、感じたりするようになった。そして、特に女性に強く働き、女性を変えていると論者たちは言う。だから「ポストフェミニズム」という状況があるのであると。

新自由主義の言葉が伝統的な性別役割の価値観から「女性」を解放する力を強く与えるのであるとすれば、これまでの抑圧への反動として、女性たちが積極的に新自由主義の言葉を受け入れ、内面化し、自分を理解したり他者を理解したりすることはよくわかる。だが実際には、新自由主義の言葉は、女性たちをして自らをますます抑圧する者にするだろう。なぜならその言葉は、成功も失敗も自分のものとして理解させるからである。かわいくない自分も、経済的にうまくいかない自分も、家でも家事という「仕事」をし続けなければならない自分も、子どもを愛せない自分も、全部、自分のせいなのである。

そして、この「自分のせいである」と女性に（そして男性にも）理解させるのが学校教育の明示されない機能の一つである。第3章は学校教育に目を転じる。日本の学校教育現場は、男女共同参画施策の特徴――男女の性別役割についての価値観を推奨すると同時に、新自由主義の言葉を男女ともに内面化させていくという特徴――が最も鮮明にあらわれる現場の一つである。特に学校は人間形成を直接的に制度的におこなっている場所でもあるという意味で、「言葉の内面化」という機能の強さは計り知れないものがある。日本の男女共同参画施策の特徴は、「二重基準」という言葉で示すことができる。「二重基準」とは表向きの男女平等や女性活躍の推進と、その裏側にあるジェンダーに基づく制度的差別を示す。学校教育現場で子どもたちは「二重基準」にさらされ続ける。「二重基準」は性別に限らず働くが、特に女性にとっては「二重基準」は矛盾する言葉であるために（「女性だからといって怯《ひる》むことはない、男性と同じ競争路に乗って平等に競い続けるのだ！」という言葉と、「女性だから女性らしくしなさい、女性が進むべき道に行きなさい」という言葉）、女性は内部で引き裂かれる可能性が高い。

こうした矛盾する言葉を引き受ける意識を示すのが「二重意識（double consciousness）」という言葉である。二重意識は、権力や資源が「男性」という分類の人たちに偏って割り振られている社会のなかで、男性と同じように競争を強いられると同時に、「女性だから」という枕詞で特定の女性らしさの価値観へと導かれる女性たちが、自然と持つようになっていく意識のあり方である。資源や権力の男性への偏在という社会の構造により、女性たちはすでに制限を受けている。その制限を受けているあり方を肯定し続けるのが「二重意識」である。「二重意識」によって、「仕方がない」「自分が悪い」とか、「女だからできない」とか、「女なのにすごい」という自分や他者に対する評価が可能になる。ジェンダーの規範が個人の自己意識のなかで「二重意識」として働き続け、制度的な差別（性差別）が肯定され続けている。その制度的な差別に、「二重意識」の主体である女性たちも参加しているのである。

第4章は、とりわけ「性差別」を見えなくするような実践をつねにおこなっている日本の学校教育に注目する。学校文化は「男であるとか女であるとかことさら取り立てない」文化であり、教師文化も教育実践でもカリキュラムにおいても制度的なところで「ことさら取り立てない」という文化が行き渡っている。つまり、「性別を問う」ということが忌避されているのであるが、この文化が「二重意識」への介入を阻んでいるのである。

「男とか女とかことさら取り立てない」ことを美徳とする学校において、この美徳を率先して実践するのが学校の教師たちだ。教師たちは性を超越した存在として教壇に立ち続ける。だが教育活動には「性」を前提とする仕掛けが潜んでいる。低学年に女性教師を配置し、高学年に男性教師を配置する傾向があることも、宿泊行事においては男性教師による男子児童や男子生徒の管理が期待されるのも、「性」を前提とする仕掛けである。したがって、「女性」であることに積極的な意味づけをおこなうような実践も忌避されがちであると、研究者たちは述べる。「性」をことさらに主張することが忌避される学校文化が、ジェンダーに基づく制度的な差別（性差別）を問題視することを妨げているのである。こうした状況では、自分の言動や思考や感情の基盤となっている「言葉」がどのようなものかを意識化することも、また、それらがどんな権力関係を維持し、生み出し続けているのかも批判することは難しい。

このように「男であるとか女であるとかことさら取り立てない」文化が行き渡る日本の学校教育の現状においては、「二重意識」へ切り込むことは不可能である。ではどんな文化が行き渡ったら、「二重意識」へ切り込むことができるのだろうか。第5章では教育を「変革の実践」「自由の実践」とみなしたブラジルの教育者であるパウロ・フレイレ（Paulo Freire）や、アメリカのフェミニズム批評家ベル・フックス（bell hooks）の議論を参照しながら、どのように「二重意識」へ切り込めるのかを考察する。20世紀の学校教育批判の試みのなかには、人々が支配の言葉を内面化している状態を指摘して、教育の力によって「二重意識」へ切り込んでいくことを企図したものがあった。フレイレやベル・フックスの「変革の実践」「自由の実践」としての教育についての哲学（＝ペダゴジー）は、まさにその学校教育批判の試みの系譜に位置づけられるものである。

フレイレが「意識化」と呼ぶ実践は、現実を「言葉」にしていく過程で、世界や自分の状況に省察を働かせる実践である。フレイレが「識字教育」としておこなったものはまさに「意識化」の教育でもあった。だが本書はこの意識化が容易ではないことを指摘する。というのは、思考も感情も言動も「習慣化」されてしまっているからである。アメリカのプラグマティズムの哲学は、「習慣」が、人がそれまでとは異なる行動をすることをいかに難しくするかを指摘すると同時に、社会に変化を起こし、人が言動や思考や感情を変えていくためには、人々の「習慣」が変わっていかなければならないと論じる。つまりは「意識化」しなさいと口すっぱく言ってもダメで、「意識化」という実践が「習慣」にならないといけないということである。

プラグマティズムの哲学に依拠すれば、「習慣」を変えていくためには、それが可能になるような「環境」を準備する、環境的な介入が必要となる。「二重意識」に切り込むための環境とは、フェミニズム教育にしたがえば、「セーフ・スペース（safe space）」（安全で安心できる環境）である。「セーフ・スペース」は、習慣を再生産する社会的な圧力を取り除いて、新たなことに取り組めるような空間と言えるだろう。

だが読者の期待を挫《くじ》くようでもあるが、「セーフ・スペース」も実は誤解されやすいし、実現は難しいものであることが、「関与の教育（engaged pedagogy）」を推し進めるベル・フックスの議論に示される。教室環境は安全であるように見えても、また、中立性が保たれているように見えても、実は教育実践を通じて権力関係の伝え合いがおこなわれているということに、教育者が注意を払わなければ、そして何らかの行動を起こさなければ、抑圧を感じている者たちにとってはその環境は安全でも中立でもない。教室の外側にある既存の権力関係が流通する社会のあり方と何ら変わりがないのである。

教育者のあり方も、また教育を受ける側である女性や男性のあり方もすべて習慣化されているということ、「二重意識」を基盤として考えたり行動したり感じたりしてしまうことが「習慣」となっているのであれば、では「習慣化」され、「身体化」されてしまった「社会構造」にどのようにして変化を加えていくことができるのだろうか。第6章は「セーフ・スペース」を、既存の権力関係や言葉に亀裂を入れ、習慣的な反応や言動を一時的にでも中断させるようなものとする、「情動（affect）」に注目する。

「情動」とは身体と身体との交流によって身体が影響を与えたり与えられたりする様子を意味するものであり、また、そのことによって感じられる、言葉にはならないが身体のなかに生じる感覚の強弱である。情動は教室のなかでは巧みにコントロールされて、情動の交流、すなわち「情動的コミュニケーション（affective communication）」がなるべく起こらないように抑制されている。本書ではこの「情動」こそが変化を生み出す力になりうると論じる。教室のなかで流通する言葉に亀裂を入れ、習慣を一時中断させることで、これまでとは異なる感覚を情動的コミュニケーションは引き起こす。そして「セーフ・スペース」にいる人々が、その感覚に自らの知性を働きかける機会を得る。その際に、もしかしたら新たな言葉が生み出されるかもしれないし、また、習慣が変わるかもしれない、そういう潜在的な力を持っている教室こそが、いま求められている。

「情動的コミュニケーション」を抑制するのも、また可能にするのも、教育者である。「情動的コミュニケーション」を教室のなかに迎えることは、既存の権力関係を容易に維持したり生み出したりしないという意味で、「予測不可能なこと」を迎えることを意味する。「予測不可能なこと」は、教室を混乱に陥らせるかもしれない。それでも変化をもたらしうる「情動的コミュニケーション」を迎えることができるような環境を用意するのが教師の役割であり、「情動的コミュニケーション」から生じる異なる感覚に脅《おびや》かされず、参加者が没頭して取り組むことができる環境、取り組むように促される環境こそが「セーフ・スペース」であるということを本書は論じていく。

以上の意味での「セーフ・スペース」を用意する教師の力——本書ではそれを「力を生み出す力、力を与える力」と呼ぶ——に依拠して実践される教育こそを、本書はフェミニズム教育と呼びたい。学校教育においてだけでなく、あらゆる教育的な関係性にフェミニズム教育を実現したい、そのような思いを持って本書は書かれている。

序章を終えるにあたって、以下のことを指摘しておきたい。

本書の議論は主に女性を念頭に置いておこなわれているが、女性だけに当てはまるものではない。男性も同じだけ権力関係のなかに置かれている。男性も権力関係の影響を受けて特定の仕方で自分自身を理解するように導かれている。本書はそれぞれ異なる人への権力関係の効果を具体的に議論するものではないが、すべての人が権力関係を理解することが、この構造を変える第一歩であることには変わりはない。

さて、「実践」を文化人類学的な意味、すなわち、社会的に構成された慣習的な行為や活動と捉えれば、本書は極めて実践的である。なぜなら、教室での日常の「実践」を読み解く視点を具体的に提示しているからである。教室における日常の「実践」は、すべて権力関係の構造に支えられており、支配的な社会関係の産出を繰り返している。教室で、ある種の子どもたちが挙手したり、別の子どもたちが挙手しなかったり、特定の仕方で子どもたちがある種の子どもをからかったり、ある種の子どもたちが会話を独占したり、別の子どもたちが授業中に沈黙したりする。あるいは、教師がある種の子どもたちを静かにさせたり、別の子どもたちを頑張るように鼓舞したりすることも「実践」である。こうした「実践」が習慣的に繰り返され、教室のなかの状況を作り出していると同時に、彼ら自身が経験する現実も作り出しているのである。

以上に示したように、本書は、教室での教師や学生・生徒・児童の「実践」によって効力が発生する権力の関係性の生産・再生産のサイクルのなかに作用しているメカニズムを分析し、このサイクルからの脱却がいかに難しいことであるかを議論している。だが最も重要なのは、本書が、自然発生的な出来事や予測不可能な出来事が起こる余地を教室の日常の実践のなかに生み出すという、このサイクルの自己再生産から脱却するための方策を、具体的なガイドラインを示すことなく論じていることである。なぜなら、ガイドラインの作成は、本書の議論の根本を裏切ることになるからである。

結局のところ、私たちが権力の関係性を繰り返さないための重要な一歩は、私たちの習慣的な行為や考えが、既存の権力関係を繰り返していることを知ることである。そして、その繰り返しからの脱却を試みるために、日常の教室のなかの「実践」に対して教師たちがどのような注意を向けてどのような言動を生み出すようにしたらいいのかについて、私自身を含めた教育者たちに、考えるための材料を本書は提示した。

新たに認識できるようになること、これはまさに「フェミニズムが編みだされること」である。日本では2000年代にジェンダー平等や性教育への激しい反動があり、フェミニズムのアイデアが息づくペダゴジーが教育の現場で生かされてこなかった。残念なことであるが、教育を通して私たちは権力関係の構造を生み出し続けてきたのである。だからこそ、いま、日常の教育実践において「フェミニズムを編みだしていくこと」に私たちは従事しなければならない。

第1章 フェミニズムとフェミニズム教育

権力関係とは、力を持つ者と力を奪われた者という2種類の人々の間の関係であると捉えられることが多い。多くの人は強大な権力を持つ人々が弱い人たちを搾取したり、抑圧したり、苦しめたりすることを思い浮かべるだろう。それは、富と権力を貪る人々が一方にいて、他方に酷使されてひもじい思いをして、それでも権力者のために必死で働かなければならない人々がいる構図である。典型的に思い起こされるのは、奴隷制度におけるマスターと黒人奴隷たちや、圧政をおこなう独裁者とそれに苦しむ市民たちだろうか。

しかし、権力を持つ者と奪われた者という考え方は、権力を一面的にしか捉えていない。なぜなら社会のあらゆる側面に、あるいは、人々の言動に権力は働いているからである。権力を奪われたように見える人々も、日常の生活を営みながら既存の権力関係の再生産に貢献しているのである。

権力関係は、社会のなかに現実として存在している。男性と女性が「自然におこなう行為」を例にとろう。伝統的な家族関係——その関係は男性優位という特徴を持つ——のなかで、例えば、テーブルの前にどっかり座った夫が、台所にいる妻に「おーいビール」と声をかけ、妻が「どうぞ」と言ってビールを差し出す。「おーいビール」と妻にビールを求めるこの夫の行為が、現実のなかでの男性の支配的権力の表現である。そしてこの夫の行為は具体的な権力を産出している。また、「どうぞ」と言ってビールを差し出す妻の行為は、彼女が男性優位な家族関係のなかで男性の支配的権力の表現にしたがっているという意味において、権力関係の維持と再生産に参加している。つまり、関係性のなかで劣位に置かれる者も権力関係の維持や実践に参加しているのである。

権力関係は、産出され、また再産出される。劣位に置かれる人々も他に方法がないために権力関係の産出に参加する。例えば、口紅を塗るたびに、女性は社会のなかの女性のイメージを再び作り出すことに参加している。口紅は女性についての支配的なイメージであり、また、その支配的なイメージは、社会のなかで権力関係の影響を受けて構築されるジェンダー役割の一部をなしているからである。そして、ジェンダーによって異なる役割を社会が割り振っているためである。もしかしたら、ある人にとっては、口紅を塗ることは女性の支配的なイメージに対する抵抗を示す行為と意味づけられるものかもしれない。けれども抵抗という行為も、既存の権力関係の文脈のなかでのみ解釈されるという意味で、その権力関係を産出している。

誰かが権力を独占的に持つという見方から、あらゆる者が権力関係に参加し維持しているという見方へと、権力についての見方は変化した。フェミニズムの歴史は、この権力の捉え方の変化とともにある。本章ではフェミニズムが権力にどのように応答してきたのかを概観する。それによって、フェミニズムが何と格闘してきたのか、どのような解決を提示してきたのか、その解決にはどんな困難が伴うのか検討してみよう。

1 権力をめぐるフェミニズムの考え方

一般的に権力関係として考えられる状況とは、権力を持っている特定の人やその集団など有利な状況にある人が、権力を持たない人たちを不利な状況に追いやったり、また、不当に利用したりするというものである。この場合、権力は武器にたとえられるかもしれない。強い武器を持っている人がいて、武器を持っていない人に対して武器を振るう。その武器が強ければ強いほど、優位であるというように、権力は人の外側にあって、それを持っている人が持っていない人にさまざまなあり方で振るうものというのが、一般的な権力についての理解である。その一方で、あらゆる者が権力関係に参加して維持しているという見方によれば、権力関係に巻き込まれていない人はいない。つまり、人々のあらゆる行為によって権力関係は維持されていると考えられる。第一波フェミニズムと名づけられる18世紀末から19世紀初めの政治運動は、「所有可能な権力」という考え方に依拠してその政治的主張を構成している。第一波フェミニズムの政治的主張は、権力を持っている「男」に分類される人々が、それに分類されない人々の生き方を決定づけていると糾弾した。そして、「男」に分類されない人々は、「権力を奪われた状態」にあると訴えた。まさに、第一波フェミニズムは「男女に分離したカテゴリーに対する根本的な問題提起」をおこなったのである。[1]

フェミニズム運動を推進した人々は、「男」に分類される人々が独占的に持つ権力によって女を支配しているという認識を持つに至ったことで、「男」に分類されない人々、すなわち「女」の生存のあり方に疑問を持つことができるようになったのである。[2] 例えば、未婚の女であれば父が所有しており、既婚の女であれば夫が所有しているということや、女が自身の財産を所有できないことなど、それまでは当然視されてきたことを「問題」として意識することができるようになった。そして、第一波フェミニズムに関わった人々は、これらの問題を、男性による女性の支配、女性に対する「権力による支配」という言葉で理解することができるようになった。女の生存のあり方を、権力を持つ側が完全にコントロールしているこの状況下では、自分の身体に対する権利さえも女からは奪われている。女には市民権が認められていないから、この状況に対して公に異を唱えることも変更することもできない。女たちは自らの状況についてこのように認識するに至り、自らが置かれている状況を「問題」として把握するよう

1 竹村和子『フェミニズム』岩波書店、2000年、7頁。
2 男でなければ女であるという、性別を二つに分ける考え方が当時は一般的だった。

になった。そして「女」も人間であることを可能にする政治運動が勃興したのである。

第一波フェミニズムの政治運動は、女がそれまで認められていなかったさまざまな権利を得ようとした運動であった。だが、現代に至るまで連綿と続く女性差別の現実に鑑みれば、女が市民権を得ただけでは、女性を抑圧的な状況に置き続ける権力関係から女性が解放されることはなかったということがわかる。

第一波フェミニズムでは、「権力」を持つ「男」が「女」を支配しており、その状況が、女が「人」になることを阻《はば》んでいると理解したからこそ、女たちは市民権を得る運動を展開した。「女」が与えられてこなかった市民権を得て「人」になれば、互いに平等になることができると第一波フェミニズムは理解したのである。

男が持つ権力が、女が「人」になることを阻んでいる。女が男と同様に「人」になれば、男が女に対して一方的に権力を行使することはできなくなるだろう。このような第一波フェミニズムによる権力関係の理解は確かに相当の部分において正しかった。だが、市民権を得ることは、人々を権力関係から解放するには十分ではなかった。確かに女は「人」になったかもしれない。所有することも政治に参加することもできるようになった。しかし、「女」という特定の人たちが抑圧されている状況は変わらなかったのである。

市民として男性と同等の権利を持って同じ身分となっても、「女」という人々が抑圧される状況はその後も続いた。つまり、権力関係というものは、誰かが一方的に持っている権力をそうでないものに振るうという関係性のみを意味するのではないことを示唆していると言えるだろう。所有できても、稼ぐことができても、離婚する権利を得ても、教育を受ける権利を得ても、政治に参加する権利を得ても、つまり、女と男に対して同じ条件を整えても、差別の状況が存続したのだから。差別を温存するのは、誰か特定の人に所有された権力ではない。誰もが参加し維持する権力関係において差別は温存される。こうした権力についての理解が深まって、それに対する取り組みがなされない限り、市民としての権利の観点から女と男が平等になったとしても、制度的な性差別は続くということを意味する。

権力がどのように作用するのかを示す印象的な事例をイギリスの言語学者であるデボラ・キャメロン（Deborah Cameron）は挙げている。第一波フェミニズム運動の最中の1855年、共和党創始者の一人で、女性参政権運動の積極的な支援者として知られたヘンリー・ブラウン・ブラックウェル（Henry Browne Blackwell）は、奴隷廃止論者でフェミニストのルーシー・ストーン（Lucy Stone）と結婚した。[3] その際、ブラックウェルは、法律が夫に保証する権

3 Cameron, D. (2019). *Feminism: A brief introduction to the ideas, debates, and politics of the movement*. The University of Chicago Press, p. 15.

利――妻の身体に対する権利、妻の財産に対する権利、そして妻の収入に対する権利――を行使しないと妻に約束した。つまり、たとえ法律が妻はその身体も含めて夫に属することを定めていても、自分はその法律にしたがわないと妻に対して宣言したのである。法律に書き込まれた権利の行使を拒否することを宣言したことにより、ブラックウェルは、この法律が前提する女と男との関係――法律では男に女を支配する権力が与えられている――から自らを除外したのだと言える。夫が法律に書き込まれた権利を行使しないのであれば、妻は支配される立場から解放されるという認識がここには示される。

この事例において留意したいのは、当時の状況にあっては、ブラックウェルが妻との約束を反故《ほご》にするのはブラックウェルの自由であるということだけでなく（つまり反故にしてもブラックウェルには何ら罰則は与えられないというだけでなく）、ブラックウェルが妻の名前で財産を登記しようとしても、当局はそれを実行する必要はないということである。ルーシー・ストーンの、夫に対する平等な地位は、完全に夫に依拠しているのである。そのうえ、法は妻が夫に従属することを要求している。ブラックウェルとルーシー・ストーンの事例は、法という制度に前提として書き込まれている権力関係からたとえ個々人が自分を解き放とうとしても、法はそれを許さないということを示している。この場合、誰かが権力を所有しているという考え方は成り立たないが、権力関係が書き込まれた制度によって性差別が維持されていることがわかる。

法に前提として書き込まれている権力関係の存在により示されるのは、法を特定のあり方で（すなわち特定の関係性を想定した形で）編成する構造があるということだろう。その構造を理解するために、学校での「懲罰」や「しつけ」の事例を使って、説明を試みてみよう。

構造とは、人々の行動を編成して、安定させる枠組みである。枠組みのなかで作られる「懲罰」や「しつけ」や「規律訓練」といったものは、生徒たちのふるまいや行動を規制し、取り締まる「ルール」や「決まり」といったものを含んでおり、生徒たちが実際にはどのように感じているかとか、どんなことを求めているかということにかかわらず、「ルール」や「決まり」を破るようなどんなおこないもあらかじめ封じ込め、抑制する働きを持つ。行動やふるまいは、本来いつも流動的で不安定なものだが、構造はそれらを安定させるのである。構造がなければどんな行動やふるまいが生まれるかわからない。構造があるからこそ教室内に起こる行動やふるまいは整えられるのである。逆に言えば、整えられた行動やふるまいに私たちは構造を見てとることができると言えるだろう。その際、「懲罰」「しつけ」「規律訓練」といったものは、教室内であるべき行動やふるまいを編成して、それを現実のものにする役割を果たしている。この意味で、「ルール」や「決まり」を含んだ「懲罰」「しつけ」「規律訓練」は、教室への参加者の個々の行動やふるまいを通して実現される枠組みだと言える。

同様に社会的な慣習や法などの社会制度、政治的な制度を通して構造が示される。つまり、構造は、社会の制度や人々の言動やふるまいを特定のあり方で編成するものであり、変化を抑制して、社会や人に特定の秩序を与えるものである。ただし構造は、それらの社会制度や政治的な制度、慣習や習慣の外側にあるのではなく、それらを通して存在しており、この構造自体が特定の権力関係を想定しているのである。

ルーシー・ストーンとブラックウェルのケースでは、男性が女性との関係性において支配的な位置を保つことのできる権力関係が構造のうちに想定されていると言える。特定の権力関係が書き込まれた構造は、制度や規則やさらには慣習や人々の習慣からなる厳格な網となって人々を行動させる。権力作用は人々のそのようなふるまい方一つひとつに示されることになる。

性差別について言えば、権力関係の構造は、権力や資源が一般に「男性」に分類される人々に偏って存在するように制度や慣習を編成している。[4] そういう構造が遍在しているからこそ、不平等の解消に向かう政治的運動の真っ只中にあってさえ、特定の権力の関係性が人間関係を規定してしまうのである。実際、社会的権利や平等を主張した60年代の新左翼運動が性差別に満ちていたことを、フェミニストたちは明らかにした。新左翼運動を契機に始まった第二波フェミニズム（1960年代に主流となったフェミニズム運動。職場などでの男女の平等な扱いを求めたり、女性への暴力に対して問題提起をしたり、女性の生殖の権利を求めたりした）では、学生運動や反戦運動、公民権運動に携わった女たちが経験した運動や思想のなかに根深く存在する性差別への失望から、性の抑圧体制への問題提起がなされたと英語圏の文学研究、フェミニズム批評の研究者として知られる竹村和子は指摘している。[5]

運動や思想に根深く存在する性差別への失望とそれへのリアクションという図式は、日本のウーマンリブにも当てはまる。日本のフェミニストたちの証言を扱った２０１４年公開の映画

4　内藤和美「あらためて『男女共同参画社会形成』、『女性の活躍促進』を問う」（立教大学ジェンダーフォーラム２０１５年度公開講演会）『立教大学ジェンダーフォーラム年報』17号、２０１５年、5-26頁。内藤による男性中心社会の定義は大変シンプルで力強い。ここで全文を引用する。「社会的生産の基幹部分を男性に、家事労働と社会的生産の周辺部分を女性に割り当てる日本社会の性別分業は、結果的に、意思決定、経済力など社会資源すなわち社会的な力を男性というカテゴリーに偏在させてきました。男性優位社会、男性中心社会という言葉はこれを指します。女性に対する暴力は個人間に発生しますが、実は個々の男性の腕力とか性格、あるいは偶然や状況のみの産物ではなく、個々男性の背後にある、彼が分類される男性という社会的カテゴリーの力の強さ＝社会資源の偏在を背負って行われる、という面があるのです。何が彼を尊大にさせいばらせるのか、何が彼をして女性を所有物と勘違いさせるのか。これまで、日本の社会に女性に分類される人として生まれるか男性に分類される人として生まれるかによって、人生は大いに違うものとなりがちでした。性別分業の慣習・慣行・通念が根強い社会というのは、いわば人が性別という生まれから自由でない社会です。人生は、個性と意思と状況によって編み上げられていくもので、人種、性別――などの生まれに左右されてはならないものです。その意味で性別分業を許す社会自体が人権を十分尊重しない社会です」（20-21頁）。

5　竹村和子、前掲書、14頁。

『何を怖れる――フェミニズムを生きた女たち』では、学生運動やベトナム戦争反対運動において、その内部で男女の性役割が固定化され、女たちが女性役割を担わされたことが、当時リブ運動に関わった者たちによって語られている。[6] 一例を挙げよう。赤軍派に宿を提供した田中美津は、このように述べる。

彼らを身近に知って、武装闘争とか過激派というものの正体見たりって感じよ。女の活動家はもっぱら炊事、洗濯、電話番、弁護士との連絡、拘置所への差し入れ等が仕事。そのお蔭で使わないですんでるエネルギーで内ゲバしたり激論を交わしてる革命家気取りの男たち。彼らを部屋の隅からじっと眺めつつ、「こんな程度かよ」と繰り返し、繰り返し私は幻滅。[7]

このような社会運動の内部での性差別が、日本でのウーマンリブを前に進める推進力となった。運動の内部にさえも深く根ざす「構造としての性差別」から女自身を解放する必要が認識されたと言えるだろう。「自由」を語る男が女を差別し、女にはただ付きしたがうことを求めることを目の当たりにして、女たちは性差別が構造のなかに浸透しているのを思い知った。女たちは「男」に依拠しないあり方で「自由」を求める運動を進めたのである。

2 構造としての権力関係への対応の仕方

構造を通して「男」というカテゴリーに分類される人々に力や資源が偏るように編成された社会で、「男」ではない者として印づけられている場合、そして、そのために社会的に不利な状況に置かれたり、あるいは抑圧されていたり、また搾取されたりしている場合、その状態から自由になるためにはどうしたらいいだろうか。

構造に書き込まれた特定の権力関係にどのように向き合うのか、向き合い方の違い、取り組み方の違いが、フェミニズムに多様な考え方をもたらした。それらは互いに相容れず、対立し合うものともなりうる。実際、フェミニズムは、「フェミニズムズ（feminisms）」とも言われるように、それぞれ異なるさまざまな見解を表明している。ここでは権力関係に対応する三つのあり方を見てみよう。

6 松井久子編『何を怖れる――フェミニズムを生きた女たち』岩波書店、2014年。
7 同前、8頁。

構造としての権力関係に対応する一つ目のあり方として、「男」になるということが挙げられる。もちろん、字義的に「男」になることを意味してはいない（まさに「男」になった人々もいる。その一人にイギリスの最初の女性の外科医ジェイムズ・ミランダ・バリー〈James Miranda Barry〉がいる。彼女は、1810年、当時女性が医師になることが不可能な時代にあって、医師養成の学校に入るために男と偽り、男として生活し、男として医師となり、軍医総監にまで上り詰めた。彼女が女性であったことが公になったのは、彼女の死後であった。だがこれは差別からの解放とは程遠い。「男」に分類されない人々の集団を差別したままであるという状態には全く変化が加えられないからだ）。

この場合、「男」になるとは、男に伍して、男のルールに則って、女たちがこの社会でやっていくということを意味する。男と同じだけの経済力を身につけたい、あるいは、男と同じだけの政治的力を身につけたいのであれば、「男」になることは、女たちが自らを差別から解放する一つの方法として考えられるだろう。その場合、「男」を基準として、男との「平等」が目指される。

実際、フェミニズムの説明として辞書によく定義される「男女同権論」は、「男」になるという方法を表現したものだと言える。男女同権論が男と女が同等の権利を目指すことを意味するのであれば、フェミニズムの目標は、法律や政治や慣習のなかにある、女が男と同等の権利を持つことを阻んでいるものを取り除くこととなる。第一波フェミニズムが取り組んだこと——女性が自分の身体に対する権利を得たり、男性と同等の私的所有権や財産権を得たり、参政権を得たりすること——は、もちろん権力関係という構造自体に変化をもたらす努力であったが、同時に、男を基準とした「人」に女がなることを目指したという意味で、女が「男」になるという方法にあたるだろう。

また、労働の分野で女性が男性と同等に働けるような制度・意識改革を求めることも、女が「男」になる方法の表現の一つとしてあると言える。ワークルールにおける女性の不利な状況を取り除くという意味で、同等の賃金を求めたり、女性のおこなう仕事に同等の価値を付与することを求めたり、また、性別による分業体制を変革することが、その具体的な事例にあたる。女性が同様の条件下で働けるような仕組み作り、女性に不利な賃金体制や勤務条件の改廃、これまで女性が主に担ってきた無償労働を社会で負担する仕組み作りなども、「男」を基準として組織された社会構造において、男と肩を並べてやっていくための重要な改革である。

しかし、この方法は、支配関係構造からの解放という点では重要な欠陥がある。誰かとの平等は、現存する制度のあり方を根本的に変革させることを求めないからである。この方法では、現存する制度の枠組みのなかで「男」に集中していた権力や資源の分け前をそれ以外の人々がどのように手にするかが問題となるが、その際、権力関係の構造自体は問わない。求めているのはそれ以外の人も権力や資源の分け前を手にできるようにする手直しなのである。

その手直しによって同等の権利を得て、ある人々は同等にやっていくことができるかもしれないが、他の誰かは変わらずその場所に居続けることとなるかもしれない。アメリカのフェミニズム批評家であるベル・フックスは、「現在の白人中心で資本主義的な家父長制社会の枠内での平等などありえない」[8]と述べるが、まさに、既存の権力関係――それは特定の支配関係を生み出している――の構造自体の変革を問わないあり方を問題にしていると言える。

権力関係への対応としての二つ目の方法は、「男」と同等になるのではなくて、逆に「女」が権力を持ち振るうことである。「女」に分類される人々の方が優位となるルール作り、社会制度作り、それに基づく慣習の流通などが考えられる。この方法であれば、「男」ではないことによって置かれた不利な状況、搾取され抑圧される状況自体から、確かに自由になる。具体的には、「女」という性に特有な性質を生かした社会作りを主張する考え方もあるし、「女」こそがその特性をもって社会を支配すべきだという考え方も成立する。その背後にはその方が、社会がうまくいくのではないかという想定がある。

イギリスの小説家ナオミ・オルダーマン(Naomi Alderman)の『パワー(*The power*)』は、まさにこのアイデアを実現した社会を描いたものだ。[9]世界の各地で、女が自分に隠された力――電気刺激を与えられる力――があることを発見する。若い女性からそれが始まる。彼女たちは、他の女たちのなかに眠っているその力も覚醒させることができる。その力は、相手に苦しみを与えることも、さらには死に至らせることもできる。男に性交を強要することも、男を陵辱することもできる。そうした力が女に備わっているオルダーマンの描く世界は、力関係の観点から男女の立場が現実の世界とは完全に入れ替わっている。女たちが支配する世界は、実際のところ、男たちが支配する世界と、それほど変わらない。「女」という性に特有の性質がその社会において「女」に有利な状況をもたらす。その特性が女に支配的な立場を与えることを可能にする。だから権力や資源が、「女」という人々に偏在するようになる。

この考え方は、誰かがその特性を持たないために、不利な状況に置かれたり、搾取されたり、抑圧され続ける状況を放置することになる。また、「女」というカテゴリーにある人たちは同じ特性を同じ程度持っているわけでもないから、たとえ「女」であっても、その特性を十分に持たない人々もありうるし、そういう人々をあらかじめ排除する可能性もある。「自らの文化形式を現在の体制に代わるような女性中心の共同体によって提供されるビジョンと統合で

8 ベル・フックス『フェミニズムはみんなのもの――情熱の政治学』(堀田碧訳)新水社、２００３年、17頁。hooks, b. (2000). *Feminism is for everybody* : *Passionate politics*. South End Press, p. 4.

9 Alderman, N. (2017). *The power*, Penguin Books. (Original work published 2016)

きない大多数の女性に対して、配慮や気遣いを示すことはできない」のである。[10]

三つ目に、女たちによる共同体を他とは隔絶したあり方で構築するという方法がある。この方法は、例えばフェミニズムという価値を共有する女同士であれば、差別や抑圧を繰り返すことはないという前提に基づいている。しかし、シェルターを作るということ自体が排他的な行為である。もちろん、暴力的支配から一時的に免《まぬか》れる場所としては意味があるが、シェルターはさまざまな問題を放置し続ける。社会に秩序を与える構造に書き込まれた権力関係は放置されたままであるし、そもそも共同体に参加するという経済的余裕や社会的余裕がない人々もいる。そのような共同体の必要性を感じない人たちもいる。共同体内部は、自由を求める人々にとってユートピアであるかもしれないが、それはさらに大きな問題に対して目をつむることにもなる。

いずれの方法も、特定のあり方で社会を再編する構造自体――その構造は特定の権力関係を想定する秩序を社会に与える――を根本から変革することにはつながらない。どれもが何らかの方法で誰かを抑圧し、否定し、その価値を低め、差別し続ける構造自体を存続させる。この社会が、ある特性を持つような誰かを差別したり、抑圧したり、搾取したりすることをやめたことは、これまでまだ一度もない。また、差別や抑圧や搾取がない社会にどんな規範やルールが流通しているのか、何が当たり前とみなされているのか、その社会はどのように見えるのか、いまだ具体的に提示されたことはない。

「懲罰」「しつけ」「規律訓練」を通して説明した構造の事例に示されていたように、そもそも構造自体から人々は自由になることはない。構造があって初めて社会のさまざまな制度や慣習に特定の秩序が与えられ、人々の言動に意味が与えられる。どんな人の言動も構造を背景にして成立しているのであれば、いかなる言動も、それが抑圧されていたり、差別されたりしている者の言動であったとしても、特定の秩序を維持することに貢献する。したがって、既存の権力関係の構造を根本から変えるためには、抑圧されている者もまた、その権力関係の維持にどのように貢献しているかについて理解することや、また、日常の言動がどのように習慣的に権力関係を再産出しているのかを理解することが求められる。

ここでフェミニズムの教育に目を向けてみよう。本書が定義するフェミニズム教育は、フェミニズムの思想や運動の観点から、現在の教育や教授、指導、さらには教育者と被教育者の教育的な関係や教育環境などを批判的に分析するものであり、また、フェミニズムの思想や運動

10 ベル・フックス『ベル・フックスの「フェミニズム理論」——周辺から中心へ』(野﨑佐和、毛塚翠訳)あけび書房、2017年、51頁。hooks, b. (2000). *Feminist theory: From margin to center, second edition*. South End Press. (Original work published 1984), p. 28.

の観点から、より望ましい教育的関係性や教育の環境、教育実践自体を構想するものである。従来のフェミニスト・ペダゴジーは、確かに、フェミニズムの思想や運動の観点から、広まった教育実践を批判的に捉え、抑圧された者に力を与えることや、抑圧された者の抵抗や、抑圧された者たちだけの理想郷の構築に腐心してきた。だが、その批判が十分であったとは言い難い。実際、抑圧される立場にある者が権力関係の維持や再生産にいかに貢献しているかについては、捉え損なってきたのである。次節では従来のフェミニスト・ペダゴジーが、既存の権力関係を変えるという取り組みにいかに「失敗」してきたのか見ていく。

3 女性学の誕生とその教育実践

フェミニズムは、人々に性に基づく特定の関係性を与える（そうして与えられた関係性がもたらす秩序により誰かが抑圧される立場に置かれる）社会制度や慣習や意識に変化をもたらそうとさまざまに取り組んできた。その取り組みは、教育というフィールドのなかでもおこなわれてきた。特に既存の権力関係に対していかに相対するのかという観点から、さまざまなフェミニズムの理論が生み出され、そうした理論構築の場所として高等教育機関が存在している。

高等教育機関、すなわち大学も、性差別、性に基づく権力関係が深く根づく場所であり、そこに切り込んできたのもフェミニズムであった。

フェミニズムは、大学での知の探究方法が、男性中心主義であったことを明らかにしてきた。またさまざまな学問が、権力や資源が偏在する集団としての男性の視点から構築されてきたことを明らかにした。学問がそれまで依拠してきた人間モデルが、実はある特定の人間存在——「男」——であったことをフェミニズムは明らかにした。

さらに、大学での知の探究や構築、教育内容、教育方法自体も性差別を再生産するものであることをフェミニズムの論者たちは指摘してきた。これらの批判活動を通して、性差別から解放された、これまでとは異なる学問探究や学問内容、教育方法のあり方を模索したのが「女性学」である。

「女性学」は、学問の方法や内容、大学での教育方法に変革をもたらした。特に既存の知の内容を批判的に検討し、そこから異なる知の構築をおこなおうとした。また、性差別や抑圧を再生産しない教育方法を探究した。特に、フェミニスト・ペダゴジーと呼ばれる教育方法や教育内容の理論においては、既存の「教える―学ぶ」の関係性や、教えることの政治性が批判的に問われてきた。つまり、どのような内容をどう教えるのか決める際には人種やジェンダー、セクシュアリティなどに関わる支配的な考え方が作用していること、教育内容や教育方法を決めることはつねに政治的な判断であることを、批判的教育学の系譜にも位置づけられるフェミニスト・ペダゴジーに関与する人々は指摘してきた。フェミニスト・ペダゴジーを実践する教師たちは、教育の内容を決めるのはつねに政治的な判断であることを認めたうえで、政治的な判断によって再生産されてきた権力関係、抑圧的な見方、差別的言説を、異なる政治的判断によって変えていくことを目指した。また、男性中心主義的、人種差別的、異性愛主義的、植民地主義的な学問のあり方によって、周縁に位置づけられ、評価されてこなかった人々の見方や考え方を学びに組み込むことにも取り組んだ。こうした取り組みにより、実際に抑圧されてきた人々の解放を、フェミニスト・ペダゴジーは意図した。フェミニスト・ペダゴジーを実践する教師たち、学生たちにとっての課題とは、学生自身が自らの学びを構築できる主体となること、それによって女という立場にある人々に自己肯定を呼び込むことであった。フェミニスト・ペダゴジーを実践する人々は、学ぶことによる自己解放やエンパワーメントを目指したのである。

エンパワーメントを支持するフェミニスト・ペダゴジーを実践する教育者たちにとって、エンパワーメントという言葉は、権力関係を考察し直すことを求めるものである。学生たちのエンパワーメントを目指す教育者たちは、教師が教室や教室で起こることを管理しコントロールするための権力を振るうことを拒否した。その権力の行使とは、例えば、教室のなかで教師が授業で取り上げるべき内容を決めることや、学生たちに教師の話す内容に対する疑問の提示を許さないこと、教師が一方的に講義をすること、教師が許可した限りでしか学生は話せないことなどである。

女性学が、どのような経緯で大学のなかで組織化されたのか、エリザベス・ラポフスキー・ケネディ（Elizabeth Lapovsky Kennedy）による証言がある。[11] ケネディはアメリカにおける女性学の設立に深く関わり、ニューヨーク州にある大学で、「女性学」のプログラム創設にあった中心人物であり、歴史学者である。その証言のなかでケネディは、女性学が特徴のある教育方法を採用した主眼は、「教室のなかの（教師の）権威に中心的位置づけを与えないこと、学生たちが自分自身の声を持てるようにすること、学生たちが自らの教育に責任を持てるようにすること」だと述べている。[12]

具体的には、以下のような教育方法が挙げられる。

11 Kennedy, E. L. (2000). Dreams of social justice: Building women's studies at the State University of New York. In Howe, F. (Ed.), *The politics of women's studies: Testimony from 30 founding mothers* (pp. 243–263). The Feminist Press.

12 ibid., p. 257.

学生が自らの教育についてしっかりと責任を担うことを求める「学生主導（students initiatives)」の実践では、二人一組になった学生がクラスでの議論を導く問いを設定し、それに基づいて自分たちで授業を運営する。「『彼女の歴史』を物語る（telling her stories)」という実践では、学生、教師の別を問わず、自分自身の物語をクラスのなかで共有し、個人的なものと政治的なものを結びつけられるようディスカッションを促し、また、女性の生に関して共通する点や異なる点を理解できるようにする。授業の最後には「批判、自己批判（criticism, self-criticism)」が必ずおこなわれ、授業の展開や、それぞれの学びがどのように進んだかについて教師も学生もともに振り返るというものだった。

ケネディによるこの証言は、フェミニスト・ペダゴジーの実践の目的が何よりもまず、教育という場から除外され抑圧されてきた声（学生の声、女の声、マイノリティの声）を取り戻すことにあったということを示す。学生が主導し、また、自らの経験を語ることは、これまで客観性や真理を取り扱っていると思われてきた大学では、学ぶべき「知識」に値しないと一顧だにされなかった被抑圧者の声に耳を傾けることを意味した。自己についての物語を教室のなかで共有することによって、個人の問題は、単に個人的なものなのではなく、社会の構造との関係で捉える必要があるという問題意識が、フェミニスト・ペダゴジーを実践する教師たちや学生たちに共有された。そして、この問題意識のもとで、一人ひとりの学生が教育という営みに責任を持って参加できるような教育環境を教師たちは整えていったのである。

　学生だけでなく、教師にも個人的な経験の共有を求めることで、教師の見解が、その教師が社会のなかに占める位置によって枠づけられていることを教師にも学生にも示した。その結果、「真理」や「知識」を与える者としての教師という立場から、ともに、学びを作り上げる者としての立場に、教師の役割が変容したのである。

　これによって、教室にいる参加者がそれぞれの立ち位置から、同等の立場でより包摂的（インクルーシブ）な知を構築する行為に寄与することができるようになった。このようにして、学生たちは、大学の学びのなかに自分自身の声を見出し、その結果、自分自身のアイデンティティを主張することができるようになったのである。自分自身の声を見出すこと。これこそが、エンパワーメントを目指すフェミニスト・ペダゴジーの実現のあり方の一つである。

4　フェミニスト・ペダゴジーによる権力関係への対応と失敗

　かつて「女性学」のプログラムを専攻した女性たちにおこなったインタビューを見ると、こうしたフェミニスト・ペダゴジーの実践は、学生たちに自己肯定をもたらすものとして大変有効なものであったことがわかる。このインタビューは、筆者がアメリカ東部にある、ある大学の「女性学」の卒業生やその関係者、合計25人におこなったものである。25人の内訳は、卒業生が15人（このうち4人は非常勤として大学に雇われた）、現在および過去の教員が10人であった。[13]

例えば、女性学の卒業生たちのなかには、レズビアンとしての自分の視点からメディアに見られる表現を批判するという課題を提出し、教育者からの肯定的な反応を得て大きな自信になったと話した人がいた。また、家庭内での暴力やパートナーからの暴力を受けてきた女性は、暴力を受けてきたのは自分だけではないことを発見し、大いに励まされたと話した。彼女たちは女性学プログラムを経て、傷ついた自己を見つめ、自己を受け入れることができるようになっていった。フェミニスト・ペダゴジーはこうした女性たちに自己肯定をもたらしたと言える。

同じインタビューのなかで、フェミニスト・ペダゴジーの実践を肯定的に受け取っている人たちは、女性学の教室での学びの経験を「すごく良かった」と振り返っている。彼女たちが語ったのは、自分の「声」が教室内の実践のなかに含まれた、これまで軽視されてきた感情や抑え込んできた思いを伝えることができた、教室でみんなの共感を得ることができた、また、苦しんできたのは自分だけではないということがわかった、といったことだった。互いの傷や感情に対して共感し合うようなこれらの効果を、女性学で得た大切なこととして彼女たちは捉えていた。

だがインタビューでは、ある時、黒人女性教師のつるし上げがおこなわれ、「あんたたちはみんなナチと一緒よ」と当該女性教師が泣き叫んだ事例を別の卒業生から聞いた。女性学のクラスでの持ち寄りパーティで、「男性中心主義者のやつは殺してしまえばいい」と叫び合った事例もあったという。他にも、「批判、自己批判」では、パートナーの暴力に苦しんでいる学生を、「男性中心主義の構造に屈服している」として、ひたすら批判したという話も聞いた。これらの事例の背景には、「フェミニスト」であれば味方、そうでなければ敵であるという考え方があり、特定の「フェミニズム」の主張を絶対視して――例えば、フェミニストならば化粧はすべきではない、おしゃれは男への媚びである、男は誰であれ性差別主義者、男にしたがうなどもってのほか、など――彼女たちにとってのフェミニズムから見て「悪」であるならば、それを徹底的に叩きのめすべきという考え方がある。

さらに、ワーキング・クラス出身の白人大学院生が、高級娼婦である裕福な母親に育てられエリート校に通うことができた黒人学部生と二人一組となって、学生が授業を組み立て運営す

---

13 Toraiwa, T. (2009). *Enabling empowerment: Students, instructors, and the circulation of caring in a women's studies program at a university in the United States* [Unpublished doctoral dissertation]. University at Buffalo, SUNY, p. 57.

る「学生主導」を担当した時、その黒人学生が恵まれすぎていると白人学生が黒人学生に対して嫉妬を抱き、その黒人学生が富裕層であることや、学歴主義的観点から言えばエリートであることや、母親の仕事が男性中心主義社会にへつらう仕事であることをやり玉に挙げたという事例も聞いた。ここにも、ジェンダーや性差別のみに関心を向け、人種的優位性からもたらされる自らが持つ特権に意識を向けられない白人学生——例えば、黒人学部生の母親がシングルマザーであることや、黒人女性が一人で子どもを育てることには大変な困難が伴うであろう人種差別社会で、性を売る仕事は、子どもを私学のエリート学校に行かせるだけの経済力を得るための限られた手段の一つであろうことに意識を向けられない——の、偏ったフェミニズム信奉が見られる。

これらの事例を、どのように捉えたらいいのだろうか。教室のなかでの平等を目指す教師の実践が、実際には学生の間に混乱をもたらしているという事実。学生たち自身が差別構造の再生産と維持にどのように貢献してきたかという問題に対して、注意をそらしてしまう場を提供しているという事実。フェミニスト・ペダゴジーの抱える問題、あるいはフェミニズムが行き詰まっているように見えるその原因が、ここに見てとれないだろうか。本来的に、抑圧されてきた者たちの解放を目指してきたフェミニスト・ペダゴジーが、解放をもたらすことができていないことをこれらの事例は示している。

実際、教師の権威に中心的な位置づけを与えず、学生間、教師と学生間の平等な関係性を構築し、参加者すべてがそれぞれのあり方でエンパワーメントを得ることを目指した従来のフェミニスト・ペダゴジーの実践は、抑圧の構造を再生産しているとも言える。学生たち自身が内面化してきた他者への偏見や差別に対して、自分たちは無批判のままであることが彼女たちのインタビューに示されている。つまり同じ思想を持つ者同士が、互いに賛同し合っているように見えるのである。異論も違和感も許さない雰囲気を作り上げているようでもある。共有されるべき感情、思想、行動と少しでも異なるものを示すと、それは、反撃や敵意の的となってしまう。互いに持つ差異に向き合ったり、それと取り組んだりすることを拒否する態度が醸成されているようである。自分がどんなものの見方をしているのか、そこにどんな差別が潜んでいるのか、問い直すことが抜け落ちてしまっているように聞こえる。

他方で、互いの傷や感情に対して共感し合うような効果を得ている従来のフェミニスト・ペダゴジーの実践も、差別構造の再生産とそれほど遠くないところにある。確かにこれらの実践は、特に辛い経験をしてきた女性たちに一時的な安心を与えた。力を持つ者の視点を自分のなかに取り込んで、「自分なんて……」「自分が悪い」「自分が我慢すれば……」と自己を卑下し、自己を否定し続けてきた彼女たちは、女性学の教室のなかで自己肯定の機会を与えられたからである。

だが彼女たちは、自らの傷を通じて互いに共感を得ることによって、自己肯定を得ているように見える。「大変な思いをしたね」「私も同じ体験をした」「あなたは悪くない」「暴力を振るう相手が悪い」「そういうふうにあなたに思わせている社会が悪い」と、これまでの生活のなかで性差別を背景にして彼女たちが経験してきた傷を共有し合い、互いに共感し合うことで癒やしを得ている。しかし、この癒やしの過程において、彼女たちのふるまいや発言や感情が、性差別の再生産と維持、他者の抑圧や自己の抑圧にどのように貢献しているのかという、自分自身の権力関係への参加に対して批判的なまなざしが向けられることはないようである。人種、社会経済階層、セクシュアリティによって生じる特定の社会での体験の違いがあるにもかかわらず、あらゆる女性たちが性差別主義が及ぼす同じ抑圧を経験しているとする前提がここにはある。そしてこの前提は、人々の間のさまざまなあり方、違いを消去してしまう。

フェミニズムの教室のなかで起こっている、この癒やしの実践、互いへの共感の共有、それによって形成される女性同士の絆を「犠牲者としての女性の絆」とベル・フックスは名づけている。

絆の基盤になるのは共有された犠牲者としての体験であり、そのために共通の抑圧なるものが強調されることになる。こうした絆のとらえ方はまさに、男性優位主義的な考え方を反映している。性差別主義的なイデオロギーは、女であることはイコール犠牲者であると女性たちに教え込む。こうした方程式は女性の体験を不可解なものにしてしまう。ほとんどの女性は日常生活のなかで、いつも受け身で、助けようのない、無力な「犠牲者」というわけではない。それなのに、女性解放運動家たちはそうした方程式を拒絶するよりむしろ信奉し、共有させられた犠牲者としての体験を女性の絆の基盤とした[14]。

ここに示される「共通の抑圧」は、癒やしの経験の基盤にあるものである。ベル・フックスは、「共通の抑圧」という概念こそが、「女性間の共通の絆」をでっち上げる道具となっていると痛烈に批判する。人種、社会階層、宗教、性的指向などといった側面で、すでにさまざまな特権（白人マジョリティ、上の社会階層、社会のマジョリティの宗教、異性愛者など、そうであるだけでもたらされる特権）を付与されている女性たちが、その構造によってすでに付与された特権があるという事実に目を向けずに、その特権を守りながら自己の利益を主張することを「共通の抑圧」という概念は可能にしている。ベル・フックスは述べる。

14 ベル・フックス、2017年、前掲書、73頁。hooks. (2000). *op. cit.*, p. 45.

アメリカ合衆国でフェミニストたちが「共通の抑圧」を強調したのは、社会的に運動を展開していくための戦略というよりも、保守派やリベラル派と呼ばれる女性たちが、どれほど自分たちが自らの階級の利益を主張し、促進するための運動をつくりあげようとしたかをごまかすための過激な政治用語の私物化だった。[15]

「フェミニズムの教育」を実践する教室のなかでは、白人学生たちがそうでない学生たちに対して、「いつでも腹を立てている」「いつでも怒っている」というステレオタイプを繰り返す。実際に、ラティーナ（アメリカに住むラテンアメリカ系の女性）の学生たちは「いつでも怒っている」というラベルを貼られたと述べていた。そのようにして怒りを向けられていると することによって、攻撃されているのは自分であり、自分こそが「犠牲者である」と白人学生たちは主張しているのである。白人女性たちは、マイノリティの女性たちに経験を「代表」させて、その経験をあたかも「共通の抑圧」であるかのように提示してその経験を搾取する。自らが、そのような行為自体を通して、権力を行使していることに白人女性たちは気づかない。「他者」のラベルを貼る行為、一人に多様な全体を「代表」させてしまう行為、それらの「他者」の体験を「いつでも腹を立てている」と軽んじる行為、自身こそが「犠牲者」であるという言説を無批判に繰り返す行為、彼女たちはそれらの行為を通して、支配構造の再生産をフェミニズムの教室のなかでおこなっているのである。

自分自身もこれらの行為を通して権力を振るっていることへの意識を働かせないまま、構造としての権力関係を彼女たちは再生産している。これらの行為を通して差別構造や他者の抑圧に貢献しているし、構造の再生産を通して自分自身に対する差別をも結果的には再生産していることに、彼女たちは気づいていない。従来のフェミニスト・ペダゴジーは、フェミニズムの行き詰まりを端的に示している。

フェミニスト・ペダゴジーがすべて失敗だったと言いたいのではない。フェミニズムは、そして、フェミニスト・ペダゴジーは、男性優位な社会のあり方や実践を改めようとする真摯な試みである。それらの真摯な試みはいまも続けられているし、新たなジェンダーの関係性を構築しようとしてきた。だが、権力関係のなかにある限りにおいて、ある権力関係の軸の上では不利な立場に置かれていても、言動や思考や感情を通して、その権力関係を維持し再生産することから誰も免れることはできない。権力は誰か別の人が行使しているのではない。権力関係は「私」自身が、いままさに生み出しているのである。

15 同前、25頁。ibid., p. 6.

5 権力関係の構造を変えるには

「失敗」を示したように、フェミニスト・ペダゴジーの教育実践は、おこなうこと、言うこと、感じること、考えることが、どのような既存の権力関係を再生産しているのかに対する「批判的な視点（critical perspective）」を欠いている。ここで言う批判とは、おこなったり、言ったり、感じたり、考えたりする時に、それをおこなう自己という前提に疑いをもたらす視点である。そして同時に自己という存在の限界についての気づきをもたらすような視点である。

これは、フランスの哲学者であるミシェル・フーコー（Michel Foucault）が哲学に必要な精神として挙げる「限界の態度（limit-attitude）」に関連している。[16]「批判（criticism）」とは、実際のところ　限界（limits）を分析し、限界を省みることから成り立つ」とフーコーは述べている。[17]「限界の態度」は、自己という存在がどのような構造の上に成立しているのかへの気づきである。

フーコーが批判とみなすものは、私たち自身が、どのようにしていまあるところのものになったのか、「わたしたちを構築するものへと導いた」ものは何なのか、「私たちがおこなうこと、考えることと、言うことの主体として、私たち自身を認識させるようになった」ものとは何なのかという視点を持っておこなわれる探究である。[18] 自己についての理解を可能にしている言葉の効果がどのようなものかを知る探究である。「私なんか」「私でいいの」や「あの子はいつも怒っている」という自己理解や他者理解が、既存の権力関係をどのように再生産しているかに気づくための探究である。「限界の態度」を持っておこなわれる探究こそが、既存の権力関係の再生産に帰結することのない、新たな関係性へと導くような自己の言動を生み出していく可能性を持つ。

ただし新たな関係性へと導くような自己の言動を生み出すことはそれほど容易ではない。「失敗」したフェミニスト・ペダゴジーの実践が提示するのは、私たちが生み出している言動や感情を説明する言葉以外の言葉、代替となる言動や新たな感情のパターンが可能になるような言葉を創出する困難に出合っているということである。詩人で作家でフェミニストのオード

16 Foucault, M. (2010). What is enlightenment? In Rabinow, P. (Ed.), *The Foucault reader* (pp. 32–50). Vintage Books. (Original work published 1984)
17 ibid., p. 45.
18 ibid., p. 46.

リー・ロード（Audre Lorde）は、「主人の道具では、主人の家を解体することは決してできない」と指摘した。[19] 言葉が拠って立つところの既存の権力関係の構造からは、その構造を超える手段がもたらされることはないからである。私たちがいま手に持っている自己を理解し他者を理解し世界を理解する言葉では、それによって支えられている人間同士の関係性を決して壊すことはできない。

ベル・フックスは、「本当に変革をもたらしたいのであれば、抑圧的な強者が特権を与えてきた知るための特定の方法から脱却できるような方法を明確なビジョンを持って思考することに携わらなければならない」と、警句としてオードリー・ロードの言葉を捉えている。[20] 私たちは「抑圧的な強者が特権を与えてきた知るための特定の方法」により自らを理解し他者を理解し、世界を理解する言葉を得ている。おこなうこと、考えること、言うこと、感じることの土台となってそれらに意味をもたらしコミュニケーションを可能にしているのは、そのように得られた言葉である。これらの言葉によって呼びかけられ、その言葉を自分のものにし、その言葉で自分を作り出していくことで、私たちは、ある特定の仕方で言動したり、考えたり、感じたりするようになってしまっている。その特定の仕方は、いまの世の中で支配的になっていて、性差別的で、人種差別的で、新自由主義的な仕方で言動や感情を組み立てさせる。人に選択の自由を追い求めさせると同時に、人を競争に追いやり、特定の人々にすでに有利に働き、特定の人々をつねに弱い立場に追いやるのである。抑圧から抜け出すためには、この言葉の繰り返しをやめる必要がある。私たちには新しい言葉が必要であり、その新しい言葉で権力関係の構造を変えていくことが求められている。本書が構想を試みるフェミニズム教育は、権力関係の構造を変えることを試みるものでもある。

フェミニスト・ペダゴジーを「失敗」へと導いたもの、ひいては、フェミニズムに行き詰まりをもたらしたものとは、不十分な「批判」であり、また、新しい言葉の創出の難しさだ。この行き詰まりは「ポストフェミニズム」をめぐる議論に見出されることになる。この行き詰まりを経て、「ポストフェミニズム」という新しい時代状況を、いま、経験しているのである。

---

19 Lorde, A. (1984). The master's tools will never dismantle the master's house. In Lorde, A. *Sister outsider: Essays and speeches* (pp. 110–113). Crossing Press.

20 hooks, b. (1989). *Talking back: Thinking feminist, thinking black*. South End Press, p. 36.

第2章 ポストフェミニズムにおける女性の主体性

前章で見たとおり、人々は支配的な言葉を使って感じたり、考えたり、言動したりしている。すなわち、人々の言動や行為を通して、支配的な言葉が再生産されている。自分の言動や感情をフーコーの議論する「限界の態度」で「批判」しない限り、そして、新しい言葉を生み出さない限り、人々は差別や抑圧を社会のなかに反復し続けることになる。人々の自己理解や人間同士の序列関係、社会のさまざまな制度に一定の秩序を与え、それらを安定させているもの、すなわち構造は、特定の権力関係を内包している。日々のやりとりや、自分自身が感じたり思ったりしていることを説明する言葉が、自分にとっても他者にとってもいつでも理解可能なのは、構造が背景にあるからである。このようにして人々は無意識のうちに、差別や抑圧の関係の維持に参加している。「おーいビール」も「どうぞ」も、構造に基づく言動である。

たとえ、私たちが性差別を問題視し、そのための新たな解決策を見出そうとしても、その解決策が構造自体を変えていくようなものでなければ、現在広く行き渡って人々に受け入れられている関係性は再生産される。この章では、21世紀のいま、構造自体を変えていくような革命は起こっているのかどうかを問う。

いま、フェミニズムはポストフェミニズムと名づけられる状況にある。ポストフェミニズムをめぐる議論は、構造自体を変えていくような革命がいかに困難であるかを示唆するものである。そしてその困難は、ポストフェミニズムという現代的状況のなかで女性たちがどのようにな人間主体として立ち上がってきたかということと関わっている。先取りして言えば、女性たちの主体的で自由な選択行為を通して、まさにそのなかで作用し続ける権力関係が、困難を生み出している。

1 頭のなかの得体の知れない力

学生のスマホの画面をのぞくと、そこには女の子たちのプリクラ風の写真が並んでいた。どの女の子たちの顔も、「盛られて」いる。目はクリクリして、大きな瞳のなかにはキラメキが見える。髪はツヤツヤ、さらさら。肌は透明で頬のあたりがほんのり染まり、ほっそりした顎《あご》、小さな顔に真っ赤なさくらんぼのような唇が目立つ。長い睫《まつげ》毛、ぷっくりした涙袋。つるっとしてお人形のようだ。

女の子たちは、これらの写真にそれぞれ個性的なかわいさの違いを見出している。この子はここがかわいい、あの子はそこがかわいい。どの子もこの子も違っていてかわいい。女の子たちはそれぞれのかわいさを追求して、ポーズを決め、顔を加工し、ソーシャルメディアに投稿する。

彼女たちには、写真のなかの女の子たちはそれぞれ違っていると見えている。しかし私には、女の子たちの顔はほとんど同じに見える。同じ顔の異なるバージョンが画面のなかに並んでいるように見える。女の子たちはそれぞれ個性的なかわいさを追求しているのにもかかわらず、写真のなかでみんな同じになる。彼女たちは、一つひとつのかわいさに微妙な違いを見出し、その微妙な違いが自分らしさを表現するものだと信じて、自分を演出することに駆り立てられている。

自分をどのように見せるか、女の子たちにはコントロールする力がある。こんなふうに目をぷっくりさせることも、あんなふうに髪をつやつやにすることも、いまや簡単に実現可能である。女の子たちは、理想の自分になろうと自らに投資する。努力とお金、それらを自分に注ぎ込んで、自己実現を図る。自分で自分をコントロールする力を持ち、誰にも支配されていない。彼女たちは思う、「私はいま自分らしさを全開している」と。画面に並ぶ女の子たちは、カメラに向かってそれぞれの自分らしさを放射している。しかしそこには、同じような顔が並んでいる。

自分だけのかわいさを発揮している、自分自身をコントロールできると女の子たちに思わせて、他方で、女の子たちを同じものにしてしまうもの、それは何だろうか。何か得体の知れない力が、女の子たちの頭のなかに入り込んでしまっているかのようだ。

頭のなかの得体の知れない力は、あたかも自分自身で選ぶ力を持っているかのように人々を錯覚させ、自分らしく見せることに駆り立てる。「ポストフェミニズム」と名づけられている現在のフェミニズムをめぐる状況、そして、一般に新自由主義として知られる諸力がポストフェミニズムに形を与えていることを考察することで、頭のなかの得体の知れない力がどこからきているのかについて探っていく。この探究によって、頭のなかの得体の知れない力の正体が見えてくるはずである。その正体とは、フランスの哲学者であるミシェル・フーコーが「主体性(subjectivity)」として論じたもの、つまり、「私」をして「私」の「魂」を「統治」する力なのである。

2 ポストフェミニズム

ポストフェミニズムは、フェミニズムに「ポスト」がつけられているように、フェミニズム以後の状況を示す現象とみなすことができる。文学研究者の三浦玲一は、「『ポスト』フェミニズムとは、『フェミニズムは終わった』という認識であり、また、フェミニズムが終わったとして『その後の女の問題』という意味でもある」と述べ、社会変革運動として、フェミニズムがその使命を終えたということをも意味するとしている。[1] また社会学者でポストフェミニズムについての研究をけん引する菊地夏野は、ポストフェミニズムとは、「フェミニズムを終わったものとして認識させ、フェミニズム的価値観を周縁化し、それによってジェンダーとセクシュアリティの秩序を再編する社会状況」と定義する。[2]

菊地や三浦などの論者たちは、アンジェラ・マクロビー（Angela McRobbie）、シェリー・バジェオン（Shelley Budgeon）、ロザリンド・ギル（Rosalind Gill）らによって、英語圏でこの20年ほどおこなわれてきた研究に依拠しながら、日本のポストフェミニズム状況を分析している。[3] 英語圏の論者たちは、女性をめぐるこの20数年の間に起こった相反する動きを理解しようとしてきた。相反する動きとは、社会のなかで女性がより存在感を高めていることと同時に、それとは矛盾するようなフェミニズムに対する応答（その応答は、フェミニズムの成果を認めなかったり、簒奪したり、否定したり、冷笑したりするようなもの）がなされているということである。

日本社会においても相反する動きが混在する状況が見られる。大衆メディアは、フェミニズムのアイデアのうち、ある特定のフェミニズムの考え方と結びつくようなやり方で女性を語るようになってきている。例えば、毎年3月8日の「国際女性デー」に合わせて、新聞各紙が日本の「ジェンダーギャップ」指数の高さを詳しく分析する記事を特集したり、女性の貧困や女性に対する性暴力をめぐる問題などを特集したりしている。経済雑誌がジェンダーを特集したり、[4]『エル・ジャポン』や『ヴォーグ ジャパン』などファッション誌もセレブたちの発信するフェミニズムを取り上げたり、フェミニズムに関する連載を掲載したりしている。フェミニズムが訴えてきたことをうまくテーマとして取り上げ、大ヒットするマンガやドラマも見られる。本では、伝統的な性別分業体制のなかに女性を押し込めない描き方、慣習的な性役割を演じない女性の描き方、仕事に励んだり、性的自由を謳歌したり、自分が稼いだお金で自分の好きなものを買う女性の描き方が、当たり前に見られるようになっている。さらには、#MeToo

1 三浦玲一「ポストフェミニズムと第三波フェミニズムの可能性――『プリキュア』、『タイタニック』、AKB48」三浦玲一、早坂静編著『ジェンダーと「自由」――理論、リベラリズム、クィア』彩流社、2013年、62頁。

2 菊地夏野『日本のポストフェミニズム――「女子力」とネオリベラリズム』大月書店、2019年、98頁。

3 菊地夏野、河野真太郎、田中東子「分断と対峙し、連帯を模索する――日本のフェミニズムとネオリベラリズム」『現代思想2020年臨時増刊号 総特集フェミニズムの現在』48(4)、青土社、2020年、8-25頁。菊地夏野、前掲書。河野真太郎『戦う姫、働く少女』堀之内出版、2017年。

4 例えば、『週刊東洋経済』2021年6月12日号の「会社とジェンダー――ファクトとデータで考える日本企業の大問題」がある。

運動[5]やそれから派生したさまざまなハッシュタグ運動（例えば、#TimesUp[6]、#KuToo[7]といった運動）やフラワーデモや[8]、選択的夫婦別姓制度を推し進める社会運動もある。

しかし一方で、女性やフェミニズムに対するバッシングも横行している。公にフェミニズムを発信する人をターゲットにした脅し、けなし、中傷、性的嫌がらせ、からかい、揚げ足取りなど、品もなく理性もない批判がおこなわれているのも事実である。

あるいは、巧妙にフェミニズムを台無しにしようとするさまざまな現象もある。フェミニズムのアイデアが、政府や国家に簒奪されて「男女共同参画」や「ワーク・ライフ・バランス」などといった言葉に置き換えられ、政治のなかでうまく使われているのである。「男女共同参画」や「ワーク・ライフ・バランス」などの政策は、女性の地位向上に向けて社会に働きかけていると見せかけ、女性に対して新自由主義的な自由、すなわち「政府の介入は最小限にして、あなたには最大限の選択の自由と機会を与えますよ、けれども選択するのはあなたで、責任をとるのもあなたですよ、チャンスをものにして自分で努力して切り開いていってくださいね」という意味を持つ自由を与えるのと引き換えに、フェミニズムを台無しにしてしまっている。[9]

そして、権力や資源や金が特定の集団に偏在している社会の構造自体は維持したままで、実際には、「搾取する側」にも女性を組み入れていくような取り組みがなされている。女性が

「搾取する側」に組み込まれていくなかで、そこから弾き出された人々が、逆差別だとか、女

5 性被害の告白を共有するソーシャル・メディアのハッシュタグ「私も被害者である」ことを訴えるために「私も」を意味する英語 me too にハッシュタグを付けている。この運動が大きな流れとなったのは、ハリウッドの著名人たちによる力が大きい。２０１７年に「ニューヨーク・タイムズ（*New York Times*）」の記者二人が、大物映画プロデューサー、ハーヴェイ・ワインスタイン（Harvey Weinstein）の長年にわたるセクシュアル・ハラスメントを告発する記事を発表した。その後、多数の俳優たちや映画関係者たちが映画業界での性被害について声を上げたことから、大きな運動へと展開した。「ニューヨーク・タイムズ」の記事掲載に至るまでの取材活動については、この記事を書いた記者ジョディ・カンター（Jodi Kantor）とミーガン・トゥーイー（Megan Twohey）による『その名を暴け――#MeToo に火をつけたジャーナリストたちの闘い』（古屋美登里訳、新潮社、２０２０年）に詳しい。#MeToo 運動を受けて、日本でもメディア業界、映画業界、広告業界などでの性暴力やセクシュアル・ハラスメントの告発が続いた。

6 Time's Up（「もう終わり」「もうおしまい」という意味の英語）は、虐待や性暴力、セクシュアル・ハラスメントが黙認されていた時代は終わりであることを意味している。ハリウッドの著名人らが資金を出して、被害者の支援や、性暴力被害の撲滅、雇用におけるジェンダー格差の是正などの提案をおこなっている。

7 「#MeToo」と「苦痛」、「靴」にかけた #KuToo 運動は、日本の職場で女性がハイヒールやパンプス着用を求められていることに対する抗議活動である。

8 性暴力に反対する社会運動で、花を身につけて参加することからフラワーデモと正式に名づけられた。声を上げられなかった被害者を信じ、寄り添い、被害をなかったことにしないという気持ちを込めた #WithYou を具体化する形で、抗議デモに花を持ち寄ったことから始まる。

9 McRobbie, A. (2011). Preface. In Gill, R. & Scharff, C. (Eds.), *New femininities: Postfeminism, neoliberalism and subjectivity* (pp. xvii–xxi), Palgrave Macmillan, p. xviii. 政府が介入しないのは、「個々人が変えることのできない人種や性別、出身階層などの初期条件は考慮しない」ことも意味する点に留意したい。

性の権利や平等ばかりを主張して、男性の権利や問題に対しては全く関心を払わない、などと声を上げる。[10] あるいは、女性に対する極端な性差別に基づく政治がおこなわれているような他の文化（例えば女子教育がおこなわれていないだとか、少女が結婚させられるだとか、10代前半で子どもを産ませられるだとかいったようなこと）に目を向けて、それらの文化のなかでは女性の地位が低いとか、人権侵害がなされているなどといったレトリックがネット上で流通している。そのようなレトリックを使って発言する者たちは、自らの状況はずっとましだと女性たちに思わせるように仕向け、同時に他の文化を見下して自らの文化の優位性を確認している。女性をめぐり日本がどれだけ先進的な状況にあるのかを称揚し、それらの達成を政治の取り組みに還元して、女性たちにその恩恵を理解させ、幸運に気づかせようとする言説もネット上で流通している。

こうした相反する状況を、ポストフェミニズムを論じてきた英国のカルチュラル・スタディーズ、メディア・スタディーズの研究者であるアンジェラ・マクロビーは、「ダブル・エンタングルメント（double entanglement）」と呼ぶ。[11] エンタングルメント（entanglement）は「難しい状況」「困った関係」「もつれ合い」「絡まり」を意味する英語だが、ダブルなので「対になったもつれ合った関係」を示すと言えるだろう。もつれ合った関係の一方は、セクシュアリティやジェンダーをめぐり、一見すると社会がより公正になったり公平になったりしているよ

うに見える状況である。例えばマクロビーは、教育や雇用の場で女性たちが新たな活躍の場や

10 この声は、若者の間でも結構聞かれるものである。例えば、学生の間からは、シングル・マザーに対する社会的支援は手厚いのに、シングル・ファーザーはその支援の対象となっていないことであるとか、性暴力ホットラインで性暴力を受けた男性被害者が適切な支援を受けられないばかりか門前払いされる状況に対して、怒りの声が時々上がる。誰かが権利を主張したら、他の誰かが権利を奪われるというような権利の奪い合いが前提とされていて、フェミニズムの権利主張が、他の誰かの権利を奪っていると、彼らは考えているようである。

11 McRobbie, A. (2009). *The aftermath of feminism: Gender, culture, and social change*. Sage, p. 12. マクロビーは同書において、「ダブル・エンタングルメント」を、次のように説明している。ダブル・エンタングルメントとは「ジェンダー、セクシュアリティ、家族生活に関する新保守主義的価値（例えばジョージ・ブッシュが若者の間での貞操を奨励するキャンペーンを支援し、また、2004年3月には文明そのものが伝統的な家族に依存していると宣言したこと）と、家庭関係、性的関係、親族関係における選択と多様性に関する自由化のプロセス（例えばゲイカップルがいまや養子をとったり、里親になったり、どんな方法であれ自分たちの子どもを持つことができ、少なくとも英国においては、市民パートナーシップの完全な権利を持っている）とが、共存していることから成り立っている」(p. 12)。その後、*New femininities* (2011) の序文でマクロビーは、「ダブル・エンタングルメントとは、見たところ進歩主義的に推進していくような要因――例えば、ゲイ、レズビアンのパートナーシップが認められ合法化されたこと、少女や若い女性に教育と雇用における達成のための新しい道や機会、性的自由が与えられていること――である。同時に、実際にはこれらと抱き合わせで、これらの自由の状況は、社会的保守主義、消費主義、および新旧の形態のフェミニズムに対する敵意という状況と結びつけられて、家父長制による再攻撃のための撤退がおこなわれてきた」(p. xvii)。ここから、マクロビーは「ダブル・エンタングルメント」をセクシュアリティや異性愛主義に限って使ってきたが、家父長制や新自由市議的な消費主義、フェミニズムへの敵対を含むものへとのちに展開させたことがわかる。

機会を得たり、女性たちが性的な自由を謳歌したりすることができる状況を挙げる。もつれ合った関係のもう一方は、そうした女性たちが享受する自由や機会が、家父長制的な力、保守主義的な力——家族や社会において「男性」に分類されている人々が経済的、社会的に優位な立場であることを維持するうえで、それを阻害するような動きを抑圧しようとする力であり、例えば、女性としての性別に期待される役割を女性に担わせ続けようとすることとしてあらわれる——によって抑制されるような状況である。マクロビーは、女性たちが謳歌できる自由は、保守主義的な傾向や、消費主義や、フェミニズムに対する敵対心といったものに条件づけられていると述べている。[12] つまり、「ダブル・エンタングルメント」とは、女性の自由へのベクトルと、家父長制へのベクトルと、異なる二つの力が同時に働いていることを示している。[13]

男女雇用機会均等法が可決されたと同時に、一般職と総合職という分類が新たに創出され、実質的に男女別雇用を維持したことや、あるいは、均等法が可決された同じ年に、労働者派遣法が成立したことにも、「ダブル・エンタングルメント」は見出せるだろう。雇用の世界で女性が、個人の努力の限りにおいて男性並みに働き、昇進し、稼ぐことができるようになったと同時に、非正規雇用（派遣や契約やパート）で不安定な雇用状況にあるのも、自己の責任であるとみなされている。女性に機会が与えられると同時に、旧来の力関係（男性と分類される人々の集団に力や資源を偏在させる関係）を維持する装置が、即座に作動するような状況は至る所に見られるだろう。フェミニズムの訴えてきたことが一見成し遂げられたように見えて、同時に否定されるような状況となっている。これがポストフェミニズムと名づけられる状況だ。

このポストフェミニズムと名づけられる状況において、過去の社会運動としてのフェミニズムは、歪められたり、冷やかされたりしている。例えば、フェミニストの言っていることを疑い深いものにする手法が使われたりする。上野千鶴子氏が婚姻していたことが大手週刊誌で明らかになった時、これまでの彼女の主張をすべて歪めたりするソーシャルメディア上での投稿が多く見られた。あるいは、「化粧やおしゃれに興味がないおばさんたち」であるといった表現や、「自分が男にモテないために男を攻撃対象にしている」とか、フェミニズムの主張をねじ曲げて誇張をして、非現実的なステレオタイプを生み出している。

フェミニズムをセンセーショナルに扱い、主張を歪曲したり誇張したりして冷やかす手法は、ウーマンリブ運動当初からある。例えば米国では「ミス・アメリカ・ビューティ・コンテ

---

12 McRobbie. (2011). *op. cit.*, p. xvii.

13 第3章で論じる学校の「二重基準」はまさに「ダブル・エンタングルメント」であろう。

スト」に対する抗議活動を、「ブラを燃やす」フェミニストと新聞の見出しは伝えた。[14] また、日本における70年代前半のウーマンリブ運動のメディアでの報道について、社会学者の江原由美子は「当時の新聞や雑誌はリブ運動を決定的に嘲笑し、カリカチュアライズした形でしか報道しなかった」として、「その記憶だけを持つ若い世代の女性たちは、リブ運動やウーマンリブと聞くと、ヒステリックな身勝手な女たちしか連想できない者も数多くいる」と述べている。[15] このように特定の表象の仕方で歪められて表現されたフェミニズムと自分との間に距離を置く女性たちも登場している。こうしてフェミニズムは、女性たちから「女性らしさ」を奪ってきたものとして揶揄《やゆ》され、「申し訳なく思うことなく、女の子らしくありたい、女性としての喜びをすべて楽しみたい」女性たちから、おしゃれや女性性、恋愛を心から楽しむ権利を奪ったものとして描かれるのである。[16]

とはいえ、ポストフェミニズムをアンチフェミニズムに単純にまとめることはできない。フェミニズムに対する応答には、バックラッシュや反動的に見えるようなものも確かにあるが、フェミニズムをめぐって相反する状況を考察してきたマクロビーやギルなどの論者は、歴史上の変化をフェミニズムの隆盛と衰退、敗北というように直線的に捉えると見過ごされてしまうものがあると論じる。これらの論者によれば、フェミニズムは負けてしまったのでもないし、終わってしまったのでもない。

介護や育児を家族単位で担うという家族観をめぐる保守主義的傾向や、女性がこれまで担ってきた伝統的性別役割を維持しようとする考え方、そしてその傾向や考え方にしたがって設計される政策がある。一方で、人口減少と労働力人口の減少の解決策として女性を労働人材として利用しようとする市場経済的政策がある。こうした政策にあらわれるさまざまな力が、女性をめぐる現象を編成してきた。だが、それらの力がなんの抵抗も受けずに女性のあり方をすんなりと決めてきたわけではない。フェミニズムのイデオロギーが、それらの力に抵抗したり、それらと交渉したりした結果、上記で見たようなさまざまな一見相反する現象が生じているのである。女性をめぐるこうした現況を「ポストフェミニズム」と名づけることで、単純に「フェミニズムは終わってしまった」と捉えるのではなく、さまざまな力が女性をめぐる現象を編成していくそのプロセスと全容を捉えようとするのが、これら論者たちのもくろみだと言える。

14 抗議活動では、「自由のゴミ箱」が設置され、そこに女性たちは「女性に対する拷問道具」であるブラジャー、ガードル、ハイヒールなどを投げ込んだ。計画ではそのゴミ箱に火をつける予定であったが、当局からの許可が下りなかったため、実際には火をつける行為はおこなわれていない。ハンナ・マッケン他著『フェミニズム大図鑑』(最所篤子、福井久美子訳) 三省堂、2020年、133頁。

15 江原由美子「リブ運動の軌跡」『増補　女性解放という思想』筑摩書房、2021年、157頁。

16 McRobbie. (2009). *op. cit.*, p. 21.

女性をめぐる現状をポストフェミニズムと名づけて分析しようとする論者たちは、「個人主義」という考え方に立脚した選択と自由とエンパワーメントの言説（例えば、自分のことは自分で決める、女性たちはそれができる）や、個人の選択と自己責任という言葉によって女性たちの存在のあり方が統制されていく様相を描き出そうとする。マクロビーは、フェミニズムの政治と引き換えに、あるいはある種の代替として特定の種類の選択や自由やエンパワーメントを若い女性たちは手にしていると論じている。[17] その特定の種類の選択や自由やエンパワーメントは、女性たちに自らの力でより女性らしくなること、経済的に成功することを求めるようなものである。ロザリンド・ギルは、新たな女性らしさが意味するものとして、女性たちが自分の身体を使って、あるいは自分の身体に対して「主体的に」どんなことでもできると理解されるようになったと論じている。加えてギルは、かつて男の視点から眺められるものとして存在していた女性が、いまや他者のためではなく自分のために性的であること、美しくあること、力強くあることを表現するようになったと論じている。[18]

女性たちは、自分の力でより女性らしくなることや、経済的に成功することを求められる時に、この特定の種類の選択や自由やエンパワーメントを経験する。自分自身のために女性らしくあることや、経済的な成功を自らの力でなすことは、確かに自由やエンパワーメントの感覚を彼女たちにもたらしてくれる。だがここでもたらされる自由の感覚は、個人主義的自由であり、次節で概観する「新自由主義」によってさらに推し進められた個人の努力や責任という考え方と合致するものである。

以上、現状を「ポストフェミニズム」として分析するその視点によって、女性たちが自分をどう見せるかという点から、自分で自分を限なく監視したり管理したり規律したりしていることも示された。また、女性たちは、女性として分類された人々全体が社会構造のために被っている抑圧や差別に関心を向けるよりも、個人の努力や責任という語り方に共感する傾向にあることも示された。つまりフェミニズム運動や思想のなかで、中心的な概念であった自由や解放やエンパワーメントといった考えが個人主義的な考え方に変質して、性的に自由に行動することや性的に自由にふるまうための消費活動をできることこそが、エンパワーメントや自由や解放とみなされるようになったということである。その結果、女性たちは絶え間ない消費に駆られている。

女性たちを消費に向かわせるのは、ほんのわずかな違いが個性を生み出すという見方であ

---

17 McRobbie. (2009). ibid, p. 1.

18 Gill, R. (2007). Postfeminist media culture: Elements of a sensibility. *European Journal of Cultural Studies, 10* (2), 147–166.

る。そして、ほんのわずかな違いを可能にするものが、市場において商品化されている。男女雇用機会均等法や女性活躍推進法の成立を経て、女性たちが「自由に」参画できるようになった現代の社会では、女としての性役割を担わされ家族制度に押し込められてきたかつての女性たちと異なり、自由になったと彼女たちは考えている。いままでは、これまで性差別を受けたことがないと多くの若い世代の女性たちが語る。彼女たちには個人の努力に応じて労働市場での活躍が可能になり、また、経済力があれば自分らしさの表現としての消費も自由になった。

だが、女性たちをめぐるこのような状況が、実は不平等や排除や抑圧や差別の構造を維持し支えているのである。ポストフェミニズムの持つフェミニズムの解体あるいは無効化の効力をここに見出すことができるし、それを可能にするポストフェミニズムを実現しているのが、「新自由主義の合理性」なのである。[19]

3 ポストフェミニズムと新自由主義の共鳴

なぜ抑圧からの解放を求めたフェミニズムが、さまざまに成果を生み出しつつも、このように歪められ、無効化され、実質的に差別や抑圧の構造を温存することに力を貸すようになってしまったのだろうか。これを読み解く枠組みとなるのが「新自由主義」である。

新自由主義は一般に、1980年代にアメリカではレーガン政権時に、イギリスではサッチャー政権時に覇権をとった新たな経済的政治的合理性である。この新たな経済的政治的合理性を通じて私事化や規制緩和が進んだのである。これまで公平や平等を担保するために強く規制されてきた諸領域から政治が撤退し、市場に委ねられていった。女の子たちの頭のなかの得体の知れない力を理解するために、この新自由主義という新たな経済的政治的合理性が、人々のさまざまな生活領域のなかに浸透することで可能となった統治の方法に注目したい。統治という時、私たちがここで理解したいのは、政府による外側からの統治という形態ではなく、私たちがこの新たな経済的政治的合理性を通じて行動するなかで、自分自身を統治する「自己」という形態についてである。

イギリスの経済地理学者であるデヴィッド・ハーヴェイ（David Harvey）は、強力な私有財産権や、自由市場や自由貿易といった制度的枠組みのなかで、個々人の起業家的自由とスキルを解き放つことにより、人々のウェル・ビーイングは最もよく到達されるとする「政治経済的

19 Brown, W. (2015). *Undoing the demos:, Neoliberalism's stealth revolution*. Zone Books, p. 43. 他。

実践の理論」として新自由主義を定義した。[20] この定義にしたがえば、新自由主義は人々の良き生き方を可能にするための新たな倫理ともなる。イギリスの社会学者・社会哲学者であるニコラス・ローズ（Nikolas Rose）は、ミシェル・フーコーの論考に依拠して、倫理とは「悪徳と美徳、善と悪、正と不正に関する公式の道徳規範」ではなくて、「人間存在がそれによって彼らの日々の振る舞いを理解し、またそれに働きかけるところの、強制、禁止、判断の、より日常的で実践的な手順、体系、形態」であると述べている。[21]

実際、人々をより良い生き方に導くものとして、「新自由主義」の経済的政治的合理性が、人々の日常のあらゆる側面に浸透している。そして、新自由主義の合理性にしたがい設計された日常のなかのさまざまな装置（例えば社会保障の制度、学校教育の制度、日々の消費行動を促すメディアの仕掛け、医療や介護の制度など）を通して、人々は新自由主義の合理性の働きかけを受けるのである。新自由主義の働きかけを四方八方から受けて、何をすべきか、何をせざるべきか、何が正しいか、何が間違っているか、自分のふるまいを理解する倫理——生き方を判断する「ものさし」のようなもの——のなかに置かれることになる。

新自由主義の合理性は、どんな生き方が良いのかを示す倫理として作用するため、その結果、日常のあらゆる場面において人々は「個人の責任」という心理を強く持つようになる。つまり、「個人の責任」という心理が行動の指針ともなるのである。新自由主義の合理性を持って人々が行動する過程は、新自由主義の経済的政治的体制がさらに強化されていく過程でもある。良い生き方を追い求めることを通じて、人々は新自由主義の担い手になっていくとも言える。

「個人の責任」という心理が人々の行動の指針となって働く新自由主義体制のなかでは、人々が自らの意思にしたがって行動することが、そのまま新自由主義体制を強化する過程になる。このような新自由主義とポストフェミニズムとの関連はすでに多くの論者によって指摘されている。

イギリスのカルチュラル・スタディーズ研究者たちのポストフェミニズムに関する論稿を編纂したロザリンド・ギルとクリスティナ・シャーフ（Christina Scharff）は、ポストフェミニズムと新自由主義が三つのレベルで強く共鳴し合っていると指摘している。[22] 一点目は、社会的なものまたは政治的なもの、あるいは外側にあるさまざまな圧力や制限や影響に従属している

20 Harvey, D. (2007). *A brief history of neoliberalism*. Oxford University Press, p. 2.

21 ニコラス・ローズ『魂を統治する——私的な自己の形成』（堀内進之介、神代健彦監訳）以文社、２０１６年、23頁。Rose, N. (1999). *Governing the soul: The shaping of the private self, second edition*. Free Association Books. p. xx.

22 Gill, R. & Scharff, C. (2011). Introduction. In Gill, R. & Scharff, C. (Eds.), *New femininities: Postfeminism, neoliberalism and subjectivity* (pp. 1–17). Palgrave Macmillan, p. 7.

個人という考えを退ける「個人主義」によって、ポストフェミニズムと新自由主義が築き上げられていること。二点目は、自律的で計算高く自己を制御できるという新自由主義に特有の人間観が、積極的で、自由に選択し、自己をつねに理想に基づいて作り上げるというポストフェミニズムの人間観と類似しているということ。両者の人間観の類似は、ポストフェミニズムがフェミニズムへの反感から生じたものではなく、新自由主義の諸々の考え方が広まるなかで構築されてきたことを意味している。そして三点目が、自己管理や自己規律を求められるのはもっぱら女性であるということ。男性と比べると、女性たちの方が自分に働きかけ自分を変えるように求められている、とギルとシャーフは述べている。女性たちはあらゆる行為を管理することを求められているうえに、自らの行動は自らの自由な選択であると示すことを求められている。

最後の点、すなわち、新自由主義が特に女性に働きかけているとする論点については、おそらく異論があるだろう。しかしこのことは、女性がまさに新自由主義の担い手として立ち上がっていくあり方を考えるうえで、重要な指摘であるとも言える。この指摘は、新自由主義というう合理性が、人の生のあらゆる領域を作り上げているその只中で、ポストフェミニズムと名づけられる特定の状況が生じていることを認識させる。というのも、新自由主義は、人生におけ る自分の経験をどのように理解して正当化したらいいのか、現在および将来に対する目標をどのように立てたらいいのか、そして、その目標を実現するためにどのような行動をとったらいいのかを教える「レンズ」を与えるからである。

新自由主義の合理性によって意味を抜き取られてしまった「フェミニズム」の言葉を使って、女性たちは、考え、理想を持ち、行動する。女性は、自分自身が他者に縛られていないことを示すために、自分自身の選択として女性らしさやかわいらしさや美しさの積極的な追求をおこなう。そうした行動は女性自身による表現や行動の解放を実現していくものであると同時に、新自由主義を維持しているのである。その結果、ポストフェミニズムと呼ばれる状況に帰結する。それは、女性たちの頭のなかの得体の知れない力を指し示すことにもなる。

4 ポストフェミニズムの主体性

第1章で強調したとおり、権力は個人の自由を制限したり抑圧したりするようなあり方で、強制的に外側から個人に向かって働きかけるものだけではない。人々が自由に選択して行動するなかで、自分がなりたいもの、目指したいもの、あるべきものに向かって自分自身の行動を導いたり制限したり検閲したり、自身の欲求を形作ったりするところにこそ、権力は働いている。自由に選択し、自分自身の欲求を持ち、目指したいことを目指すことで、人は自分自身を「自由な主体」として経験することができるのである。つまり、人は「自由な主体」であることによって自分自身を統治することになる。目指したいところに向かって努力すればするほど、「新自由主義の合理性」の諸力によって構築された権力の網の目のなかに人々は組み込まれていくと言える。自らを鼓舞し、競争に向かわせ、失敗を自分のせいだと捉えさせ、自分に失望させる、そのような「自由な主体」――自由であるとして自分自身を経験する主体――が作り上げられていく。

これらの新しい思考・行動様式（筆者註：本書の議論の文脈に置くならば、例えば「個人の責任」という考え方や新自由主義の合理性によって生み出される思考や行動）は（中略）私たち一人ひとりに、私たちの個人的な信念・願望・野心に影響を与える。すなわち、私たちの倫理に影響を及ぼしているのである。私たち自身や他者を解釈し、理解し、評価するための新しい言語は、私たちが上司や従業員、同僚、夫、妻、恋人、母、父、子ども、友人と交流する際の方法を変化させてきた。私たちの思考領域、すなわち自身の個人的感情や密かな願望・野望・失望についての考え方や語り方は、再構築されてきたのである。感情を管理するための私たちの技術は刷新され、私たち自身に関する認識そのものが急激に変化した。私たちは極端に主体的な存在になったのである。[23]
「極端に主体的な存在になった」人々は、新自由主義の合理性が生み出すさまざまな力により形成される現実のうちに生きる。その諸力のなかに同時に作用するのは、男性支配によって生み出されている諸原理を維持しようという力だ。女性たちは欲求し行動し感じることで、新自由主義の進捗に貢献しながら、他方で、男性支配の原理に支えられる権力関係の構造を維持する。これがポストフェミニズムとして名づけられる現実であり、そのなかで形成される女性の主体性のあり方である。

では、いつまでも「満足」に到達できないのはなぜなのか。新たな消費への欲求へと次々に駆り立てられるのはなぜなのか。自分らしくあるために努力すればするほど、人と同じになっていくのはどうしてなのか。ポストフェミニズムの現実は、本章の冒頭で見たスマホの画面に並ぶ女の子たちのうちに見ることができる。頭のなかにある得体の知れない力――その力の存在に女の子たちは全く気づいていない――は、彼女たちを駆り立てる。その得体の知れない力

23 ローズ、前掲書、44頁。Rose. *op. cit.*, p. 3.

は、女性たちをカメラに向かって最大限に笑いかけさせる。自分のものである身体を加工し強調して、他者から「かわいい」と承認を得られるような「自分らしさ」の追求へと向かわせるのである。

頭のなかの得体の知れない力は、女性たちをさまざまな方向へと駆り立てる。ある女性たちは将来の理想に向かって、与えられた機会を最大限に生かして、一生懸命に頑張るだろう。いまや女であるということで差別されなくなった社会において、男たちと同じ土俵に立って競争できるのである。頑張れば会社のCEOになることも夢ではない。自分の会社を立ち上げることもできる。海外に飛び立つことさえできる。努力の度合いに応じて、彼女たちは経済力、社会的地位、自己決定の力を得られるのだ。頑張ることで、これまで他の女たちが女であることで課されたさまざまな障壁を打ち破ることが可能になる。障壁に負けるか勝つかは個人の頑張りにかかっている。そのことで得られるものが、たとえ他の女性たちの労働の搾取につながっていたとしても。

別の女性たちは、これまでの人生のなかで思い知らされた自分の能力不足を嘆き、人生の失敗に嘆くだろう。どれほど頑張っても報われない、不安定な職業しか得られない、賃金は上がらない、いつ辞めさせられるかわからない。だが、この状況を作ったのは自分だ。安定した職業を得てまともな生活をするには、自分の力は十分ではないのだ。だからこの質の低い生活のなかに行き詰まってしまっている。自分がダメなのだ。自分の責任なのだ。

さらに他の女性たちは、自立した人生を送っていることに満足するだろう。彼女たちは好きな時に遊びに出かけ、好きな時に友人と会い、好きな時に外食し、好きな時にお酒を飲んで、好きな時にセックスする。彼女の人生には自由と自律性が備わっている。自由であること、そして自律性があること、そのことを存分に享受できる。それだけの稼ぎが自分にはあるし、人に頼る必要もない。自分は自分の人生の主人公。自分の人生は誰のものでもないのである。

これだけ多様な女性たちが、同じ頭のなかの得体の知れない力――新自由主義の合理性の声――によって動かされている。そして女性たちは、まさにその内側の声を通して、男性支配の言葉も再生産し、自己と他者に対する抑圧を再生産しているのである。新自由主義の力は、内側から自分を理解し判断し導くものさしとなり、私たちのあり方を形作っている。女性たちの人生はそれぞれに異なっていても、スマホに並ぶ同じ顔の異なるバージョンの女の子たちと変わらない。一人ひとりが、その主体性を通じて自分を統治し、自己を管理し、新自由主義の維持に貢献している。ポストフェミニズムの女性の主体性は、男として分類される人々の集団に権力が偏在し、男性支配の構造を作り上げている言葉、成功の定義、エンパワーメントの定義、自由の定義――これらの言葉は男性支配の現実のなかで生み出され、その支配の現実を再生産している――に切り込むことはない。女性たちは、それぞれのあり方で男性支配の原理の維持に参加しているのである。

ポストフェミニズムの現実に生きる女性たちが持つ言葉や、彼女たちが「自分や他者を解釈し、理解し、評価するための言語」は、新自由主義の合理性の諸々の力と、そして新自由主義の合理性が生み出す諸々の現実に左右されている。この意味で、ポストフェミニズムは、女性たちが「自分の声」を発達させる困難をも示唆する。だからポストフェミニズムは男性中心的な言説から抜け出せないのである。この言語によって私たちは、「上司や従業員、同僚、夫、妻、恋人、母、父、子ども、友人と、そして自分自身（筆者追記）と交流」してきたからである。自分自身を定義する新しい言葉を見出せなければ、抑圧的で差別的な人間関係の構造に変更を加えるという現実を生み出せない。そこにポストフェミニズムの現実に生きる女性たちの困難はある。

5 「作者とは何か」

ポストフェミニズムの現実に生きる女性たちの困難は、どうすれば解決できるのか。どの程度において「私」は「私」という存在の作者なのだろうか。これは、「作者」と「作品」の関係性を考察した『作者とは何か』というタイトルでのちに出版される講演のなかで、ミシェル・フーコーが提起した問いでもある。この問いは、「私たちの自己」という当然視された感覚を問題化する。[24] 講演のなかでフーコーは、「作品」を生み出す「主体」としての「作者」の位置の絶対的な性質と作品の基礎となる役割に対して疑問を投げかけた。「作者」は「作品」の創造性の源泉として、あらゆる規制や規範からも独立して、自由に言葉を生み出しているのだろうか、という疑問である。

フーコーの「作者とは何か」という問いを敷衍すれば、「私」は「私」という作品に対してどの程度書き手として存在しているのだろうか、という疑問に突き当たる。私は、私の自己自身の書き手だと思っている。「私」が自分のことを語る時、その語られたことを構成する言葉自体を生み出しているのは、「私」自身であると想定している。自分自身が「私」の「作者であること」は、外側から働きかける規制や規範から解放されて、自由に自分のあり方を「制作」することができることを意味する。だが、はたして「私」は本当に「私」という自己の書き手なのだろうか。もしも「私」が望むもの、「私」が欲求するもの、「私」が考えること、

24 Foucault M. (2010). What is an author? In Rabinow, P. (Ed.), *The Foucault reader* (pp. 101–120). Vintage Books. (Original work published 1984)

の作者たりえるのか。
「私」が感じることが、新自由主義の諸力によって定義されてしまっているのであれば（そして、ポストフェミニズムの状況を生み出しているのだとしたら）、「私」はどの程度「私」自身

私たちは主体であることにより、ある特定の時代を支配する特定の合理性――現代においては、新自由主義の合理性――をその言動を通じて実践しているにすぎないのではないか。いまの時代において女という存在が主体であることは、自分自身の身体に対する自己決定権を持ち、女らしさを全開にし徹底的にそのあり方を楽しむことに女の力を見て、自分の選択する力や消費する力にエンパワーメントの感覚を得る、ということなのである。「主体」であるからといって、新自由主義の合理性が定義するものとは異なる、新たな言葉を生み出すことはできない。

この章のはじめに言及したように、どの程度私たちは私たち自身を抑圧から解放することができるのか。これは女性の教育を考察するための重要な問いである。

第3章
学校教育のなかの二重基準と二重意識

1985年に国連女性差別撤廃条約締結が国会で可決されて以来、政府は男女共同参画を日本の国策として推進してきた。日本の男女平等推進政策は基本的に以下の4点を推し進めることを基本としている。一点目は、これまで「女」であることにより阻まれてきたさまざまな分野への進出を可能にすること。二点目は、あらゆる性の人が共有する社会制度のなかで「女」だからといって異なる扱いを受けないこと。三点目は、ある特徴が性別によって本質的なものであると想定して、その想定に基づいて役割を振り分けないこと。例えば、「女」は「気遣いができる」から「受付に向いている」とか、「男」には「責任感がある」から「リーダーに向いている」という考えのもとで、性別による役割分担がこれまで慣行となっていた。しかし、それらは、それぞれの性別に本質的な特徴だと捉えない、したがって性別によって役割分担をしない、ということである。四点目は、性に基づく暴力を受けないこと。

これらの男女平等推進政策を、日本では男女共同参画と呼んできた。なぜ男女平等と素直に呼ぶことができないのか。それは、それぞれの性別に相応しい役割を分担することによって性別分業体制を維持する意図があるからである。「特性論」とも呼ばれるこの考え方は、女性は女性らしく、男性は男性らしく、それぞれの特性を生かして、ともに協力していきましょうという考え方である。男女平等ではなく男女共同参画という名称に示されるとおり、日本の男女平等推進政策には、当初から二重基準が入り込んでいるのである。[1]

二重基準とはすなわち、表向きの男女平等、女性活躍の推進と、その裏側にあるジェンダーに基づく制度的差別のことである。この二重基準が意味するのは、前章で二つの異なるベクトルが反対方向に働く「ダブル・エンタングルメント」としても示されたものと同様に、ジェンダー平等を推進しようとするたびに、その力を打ち消す力が同時に働くということである。ジェンダーによる平等が達成されれば、これまで制度的な恩恵を受けてさまざまな場面で有利な状況に置かれていた「男」に分類される人々が、これまでと同様の恩恵を受けられなくなる。「男」に分類されないために入れなかった諸分野に進出することを阻まれてきた人々が、その分野に入ってくるのであれば、当然、これまで起こるはずのなかった競争が生じる。

例えば学級委員長の選挙を考えてみよう。男子が学級委員長であるということが当然視されていれば、学級委員長の候補は学級の構成員のうち「男子」のみに限られる。しかし、学級委員長に誰でもなれるというのであれば、候補は学級の構成員全員となる。当然、学級委員長になることをめぐる競争も激しくなることが予想できるだろう。

1 石楿《ソクヒャン》『ジェンダー・バックラッシュとは何だったのか——史的総括と未来へ向けて』インパクト出版会、2016年。上野千鶴子『女たちのサバイバル作戦』文藝春秋、2013年。内藤和美「目的か手段か?——ジェンダー政策課題は、いかに設定されてきたのか」『女たちの21世紀』no.96、2018年、10-14頁。

同様に、会社のなかで女性が上級職へと進出してくることになれば、限られた数のパイをめぐって争う人々の数が増えるだろう。それによって「男」であるということだけで、管理職につけたり定年まで順調に年収が上がったりしていた人々が、より能力もあり努力もするが「女」であるということで「男」と同じ土俵に上がれなかった人々に追いやられる可能性が出てくる。つまり、「男」に分類されない人々に閉ざされてきた諸分野や諸領域にそうした人々が進出することで、「男」であることによってその分野にいることができたり、その職位につくことができたりしていた人々の一部がその場から追いやられることになる。

有利な状況のもとで恩恵を得てきた人が、はたしてその状況をそれほど簡単に手放すことができるだろうか。多数派の男性が築いた暗黙のルールや、約束に満ちた仲間内の閉じた世界を意味するオールド・ボーイズ・クラブの存在も指摘されるように[2]、男性は自らの利権をさまざまな手を使って守ってきた。男女平等を推進する裏側で、実に巧妙に男女平等の推進を打ち消す力を働かせてきたのが、日本の諸々の「男女共同参画」政策であったと言える。

二重基準の男女共同参画という日本の政策のあり方は、男女間の不平等を至る所で温存している。最も明白な不平等は、男女間の賃金格差である。経済協力開発機構のデータによると、OECD全体で見ると2018年のデータで男女間の賃金格差は13%だが、日本は23・5%であり、OECD参加国のなかでは韓国に次いで賃金格差が大きい[3]。厚生労働省による「賃金構造統計基本調査」では、一般労働者の男女間の賃金格差（男性の賃金を100とした場合の女性の賃金〈％〉）は、2020年で74・3％である。[4]

雇用における男女平等政策の推進を担うものとして制定された男女雇用機会均等法は、その影で、均等法の恩恵を被ることのない女性を生み出している。なぜなら、男女雇用機会均等法の成立と同じ年に成立した労働者派遣法は、女性たちを搾取する手段を確保することに貢献しているからである。相対的貧困率を見ると、ほぼすべての年齢層にわたって男性よりも女性の貧困率が高く、女性の貧困が社会的構造の問題であることが示される。[5] このような格差は、二

2 「オールド・ボーイズ・クラブ」は、利権を持つ男性たちの地位や役割を維持し、彼らにとって有利に作用するようにさまざまな機会を身内に制限して割り振るようなネットワークをあらわす言葉である。日本では森喜朗元首相が東京オリンピック・パラリンピック競技大会組織委員会の会長を務めていた時におこなった女性蔑視発言の背景にある問題を説明する原理として、新聞等のメディアで使われ注目された。

3 OECD.（2022）. Gender wage gap（indicator）. doi: 10. 1787/7cee77aa-en https://data.oecd.org/chart/76Ju.htm#indicator-chart

4 厚生労働省「令和2年賃金構造基本統計調査　結果の概況」2020年、https://www.mhlw.go.jp/toukei/itiran/roudou/chingin/kouzou/z2020/index.html

5 阿部彩「貧困の長期的動向――相対的貧困率から見えてくるもの」科学研究費助成事業（科学研究費補助金）（基盤研究〈B〉）『「貧困学」のフロンティアを構築する研究報告書』2021年。https://www.hinkonstat.net/

重基準を保持する日本の男女共同参画のあり方と関係している。「男女共同参画」は、女性に男性並みの努力を求めると同時に、家事や育児を担う者としての役割、無償労働の負担を求めている。「男女共同参画」という二重基準を温存する巧妙な男女平等推進政策は、女性に過重な負担を強いており、過重負担を担える者と担えない者、そしてそもそもその競争に乗らない者と乗れない者の間の格差をも生む結果となっている。

本章では、この二重基準を学校教育のなかに探ってみたい。そして、なぜ、この二重基準の現実を簡単に変えることができないのか、女性のなかに内面化される「二重意識」という観点から考えてみる。

1 学校がもたらす二重基準

学校は男女平等の原則が忠実に守られている場所だと多くの人たちが考えている。ジェンダーギャップ指数が論じられる時も、「政治」や「経済」の分野でのジェンダーギャップが議論されることは多いが、「教育」の分野でのジェンダーギャップが語られることはあまりない。それほどまでにジェンダー平等について「教育現場は問題のある場所ではない」と捉えられているのである。これは戦後の民主主義教育の成果でもあるだろう。日本国憲法は男女平等を声高に謳った。戦前には、男女によって異なる教育階梯が用意され、女子にとっては中等教育段階が高等教育であった。しかし戦後の民主主義教育体制のもとでは、戦前におこなわれていたような男女で異なる学校階梯は廃止された。憲法と同時に成立した教育基本法は、性によって教育上差別されないことを明記している。

こうして、（1）戦後の民主主義教育体制のなかで、男女とも同じ教育内容を受けることができる、（2）入学試験や選抜で性による差別を受けることはない、（3）男女とも同じ評価基準に基づいて評価されることが保証された、とこれまで考えられてきた。実際、憲法も教育基本法も、性別ではなく「能力に応じた」教育を受ける機会があることを明記している。これにより生まれや性によって受けられる教育が異なることはなくなり、性別に関係なく、努力すれば報われるというメリトクラシーが学校教育制度の基盤になったのである。

メリトクラシーとは能力・業績により人々の地位が左右される社会の原理である。業績を示すメリット（merit）と支配や力を示すクラシー（cracy）を組み合わせて作られた言葉である。メリトクラシーが原理となった結果、誰もがその能力次第で、実力を発揮できればどんなことも成し遂げられると、皆が信じるようになった。望めば大学にも進学でき、博士にもなれると。だから、多くの子どもたちが学校教育において、性によって異なる扱いを受けていることに気づくことはないのである。

しかし、ジェンダー平等に関する日本の政策に見られる二重基準は、学校教育にもしっかりと見てとれる。実は、学校教育の実践や政策に見られる矛盾した二重のメッセージの存在は、これまでも研究者たちによって指摘されてきた。表向きの平等主義の裏で、「男女は異なる存在だし、同じことはできないし、またすべきでもない」という不平等のメッセージを、子どもたちは受け取り続けているのである。

このように戦後民主主義教育体制下でもジェンダーの不平等は存在し、それはいまも存在し続けている。実際、女性差別撤廃条約批准にあたって求められた国内法の整備の機会において、改めて教育におけるジェンダーの不平等は世間の耳目をひいた。平等であるはずの教育内容の不平等が明らかに条約違反だとみなされ、性によって異なる教育課程の履修を要求していることの是正を国際社会から求められたからである。もちろんそれまでも国内のさまざまな女性活動団体が教育内容の不平等・性差別に異を唱えてきた。しかし、国内の保守派政治グループや活動団体、また一般市民の持つ性役割意識への固執が、教育課程に埋め込まれた性差別を推し進め、あるいは不問に付してきたのである。

どういうことか詳しく見ていこう。条約違反だとみなされたのは、（1）後期中等教育において女子生徒だけに家庭科履修を求めていること、および、（2）前期中等教育において技術・家庭科で男女で異なる教育内容を実施していることであった。もともと、家庭科は戦後の教育民主化政策のなかで社会科と並んで新たに設置された科目だった。社会科が民主社会を担う市民の育成を意図していたとすれば、家庭科は「家庭の民主化」を男女ともに学ぶことを目的として設置された。もちろん現実の教育を担う教師たちの多くは旧態依然の性役割意識を持っていたと想像されるため、実際の教育の現場でこの理想が必ずしも実現されたと言い切ることはできない[6]。それでも家庭科は民主化という理想を持って開始されたのだった。

しかし、こうした家庭科の理想が崩れるのにそれほど時間はかからなかった。理想崩壊の背景には1950年代の「逆コース」と呼ばれる民主化に対する政治上の反動がある。朝鮮戦争やベトナム戦争などの国際情勢を背景として、日本の再軍備への要求が高まるなかで自衛隊が発足した。民主化に対する政治上の反動は教育政策にも及ぶ。教育政策の「逆コース」の代表的なものとしては、教育課程における「道徳」の設置を挙げることができる。「修身」という戦前の科目が国民の全体主義化を促し戦争称揚を支えていったことから、その反省に基づいて「修身」は廃止された。しかし「逆コース」の流れにおいて、愛国心の教育などの必要性を保

6 井上輝子『新・女性学への招待——変わる／変わらない女の一生』有斐閣、2011年、53-55頁。

守派が主張し、その結果、教科とは異なる「道徳の時間」が開始されたのである。

家庭科の位置づけも「逆コース」の流れに沿って変化していった。1958年告示の学習指導要領で、科目の再編成を受けて「技術・家庭科」が設置され、「現在および将来の生活が男女によって異なる」との性別分業体制を支持したうえで、その内容を「女子向け」と「男子向け」に改めた。家事・育児の関連は女子に振り分けられ、目標や内容が男女別となった。後期中等教育に至っては、1970年告示の学習指導要領において、「女子の特性にかんがみて」すべての女子が家庭科を履修することとされた。男女平等の教育という原理のもとで行政をおこなうこと、とされてきたはずの当の文部省（当時）は、女子のみ必修は教育的配慮であって差別ではないとの態度を堅持する。このように男女で異なる教育内容が20世紀後半になっても存在していた日本に対して、国際社会は制度的差別の是正を求めたのであった。

実は、当の女子高校生たちも不公平だという認識を持っていたとの証言もある。やはりメリトクラシーの原理——能力や業績により人々の地位が左右される原理——と相容れないような性役割の想定は、高校生たちを困惑させるものだったに違いない。同じ条件で皆が競争しているはずなのに、学校の内部では「あなたたちはいずれ、家事・育児を担うのよ」「主婦・母という別の道を行くのよ」というメッセージが出されているのだとすれば、その異なる二つのメッセージを当の女子たちはどうやって受け取ったらいいのか。

さらに驚くべきことに、入試選抜での女子に対する異なる基準の適用が、21世紀に入って露呈した。戦後の民主化体制での約束、選抜においては同じ選抜基準を男女に適用する、が裏切られていたということになる。医科大学での事例では、得点を操作して女子の得点を故意に低くし、男子の合格者が7割以上になるようにしていたことが明らかとなっている。選抜における異なる基準の適用は医科大学の事例に限らない。東京都は、都立高校普通科の定員を男女別で分けており、結果的に、女子の方が合格基準が高くなっている。男女同枠にしてしまうと、女子の合格者が増えてしまうこと、不合格だった男子には私立高校の受け皿が女子より少なく、また、より多くの女子が都立高校に入学すれば、私立女子校の経営に困難が生じるとする見解があり、都立高校側も私立学校経営者側も男女別定員の現実を支持している。[7] さらに「定員を事前に示しているから受験は適正」と東京都教育委員会は述べている。[8] 前者の医科大学における入試差別については、それが明らかな性差別であるにもかかわらず、医師になる女性の

7 ＮＨＫ首都圏ナビ「都立高校入試の〝男女別定員制〟同じ点数なのに女子だけ不合格?」２０２１年３月25日。https://www.nhk.or.jp/shutoken/wr/20210325.html
8 同前。なお東京都教育委員会は、２０２３年９月11日、２０２４年度入学者対象の都立高入試から、男女別定員を全面廃止することを決定した。

キャリアが育児などで中断されることがあり、女性たちは男性並みに働くことができないとして、女性が医師になることを抑制するためにも、入試における得点操作は致し方ないと見る考えもある。[9] 仕事を続ける女性が増え、結婚しない女性が増えているにもかかわらず、こうした考え方が繰り返されている。

このように、平等に教育機会が与えられ、能力に基づいて評価・選抜される、という原則に対する虚偽がいくつも露呈してきた。男女平等、メリトクラシーを謳いながら、その裏で女性というジェンダーに社会が本当は何を期待しているのかが、これらの事例を通して示されていると言える。それだけではない。「本当は女性に何が期待されているのか」については、日々の生活のなかで、子ども同士の、あるいは教師と子どもの、保護者と子どもの間でのあらゆるやりとりや言動を通して、子どもたちに伝わっているのである。

実際に「頑張っても結局のところ報われない」という努力の「冷却装置」が教育現場に働いていることは、これまで多くの研究によって明らかになっている。「かくれたカリキュラム」と言われる性別による異なる暗黙のメッセージを通して、社会全体の差別構造が子どもたちに伝達されているのである。[10] こうした「かくれたカリキュラム」に日々さらされる子どもたちは、望ましい女性のあり方というメッセージを暗黙のうちに受け取り、それらを内面化する。

前述のNHKによる都立高校の男女別入学定員の取材では、現役の女子高校生の一人が「仕方ないのかな」と答えている。[11]「仕方ない」とは、この矛盾した二重基準にさらされ続けた帰結の発言とでも言えるだろう。互いに矛盾するメッセージを受け取ることによって、自らの達成願望を冷却していく女子生徒たちのあり方がここに見てとれるのである。

高等教育機関への女性の進学率が高くなった一方で、「ジェンダー・トラック」は依然として存在する。トラックは、陸上競技の一つであるトラック競技のトラックと同意で「競争路」を意味するが、ジェンダーによって異なる競争路が用意されていることを意味するのが「ジェンダー・トラック」である。進路を決定する重要な要素として、本人の学力の他、親の学歴や収入、出身地域などがあるが、親からの教育期待はジェンダーによって異なることがわかっており、女性の4年制大学への進学期待は男子のそれよりも低い。兄や弟は浪人したり県外に出たりすることを許されても、「あなたは現役で、自宅から通える範囲」と言われた女性たちは

9 朝日新聞（社説）「東京医大入試　明らかな女性差別だ」２０１８年８月３日。https://digital.asahi.com/articles/DA3S13618927.html

10 木村涼子『学校文化とジェンダー』勁草書房、１９９９年。マイラ・サドカー、デイヴィッド・サドカー『「女の子」は学校でつくられる』（川合あさ子訳）時事通信社、１９９６年。

11 「（男女は）根本的なものが違うのかなと感じることもあって、考え方や学力も変わってきちゃうのかなと思うので仕方ないのかなと思いました。男女どっちも頑張るのは同じだと思うので、女子も頑張れば関係ないと思います」ＮＨＫ首都圏ナビ「都立高校入試の〝男女別定員制〟同じ点数なのに女子だけ不合格？」前掲ｗｅｂ。

多くいるだろう。また、将来の出産育児に備えて、キャリアを中断しても再就職ができるようにと、看護師、保育士、薬剤師などのような専門資格を取るよう勧められた経験を持つ女性たちも多くいる。その場合、目的は資格取得となるため、4年制大学進学に固執する必要はなくなる。短大に進学する女性は男性よりも圧倒的に多い。

家庭の経済事情が反映されやすいのも女性の方である。4年制大学進学に対する親の期待の明確な男女差が、女子たちを自主的に女子用のトラック（競争路）にとめおくことになっている。きょうだい間の格差についても、女子たちは「仕方ない」と思うのだから、ここでも、互いに矛盾するメッセージにさらされている。みんな同じはずの教育、みんなが同じ条件で競争しているはずの学校で、女子たちは進学に際しても異なるメッセージを同時に受け取っているのである。

このようにメリトクラシー（能力主義）のトラック（競争路）とジェンダーのトラック（競争路）の両方が、女子たちを待ち受けている。教育社会学者の中西祐子は偏差値がほぼ同じ三つの女子校の生徒を比較し、学力が同じ学校の生徒でも、学校教育の方針（チャーター）を「キャリア女性教育」とするか、「家庭婦人育成」とするかで、生徒たちの進路展望が異なってくることを明らかにしている。[12] これは女性に何を期待するのかというメッセージが学校教育方針には込められており、学力や偏差値だけではなく、女性というジェンダーによっても女性たちの進路が形成されていくことを意味している。女性の高等教育進学率増加は、必ずしも制度的差別からの女性の解放を意味していないことがわかるだろう。

二重基準は高等教育においても作用し、女性のキャリアに対する願望は制度そのものによって冷却される。高等教育機関では業績による評価が比較的公平になされているとみなされているが、女性の業績が男性よりも低い傾向にあることが指摘されてきた。[13] 大学院重点化政策以後、博士課程の女性比率は増加したが、専任教員の女性比率は低いままである。本務校を持たない女性の非常勤率は高く、結婚出産を機にアカデミアを去る者もいることを、フェミニズムや労働運動に携わる著述家の栗田隆子《りゅうこ》と共著者が『高学歴女子の貧困』に赤裸々に描いている。[14]

このように各教育段階での女性をめぐる現状が示すのは、学校教育での平等な処遇という原則の背後に、女姓に対する異なる処遇を可能にする別の基準が存在していることである。つま

12 中西祐子『ジェンダー・トラック――青年期女性の進路形成と教育組織の社会学』東洋館出版社、1998年。
13 原ひろ子編『女性研究者のキャリア形成――研究環境調査のジェンダー分析から』勁草書房、1999年。
14 大理奈穂子、栗田隆子、大野左紀子著、水月昭道監修『高学歴女子の貧困――女子は学歴で「幸せ」になれるか?』光文社、2014年。

り男女平等の原則（性によって異なる基準を持ち込まない）という見かけを裏切る基準が存在しているのである。女性はさまざまな社会制度内で、女性であるということで作用する異なる基準につねにさらされていて、女性たち自身も、「仕方ない」と自分に言い聞かせ、この基準に自らを合わせて「主体的に」行動している。その結果、例えばキャリアを首尾よく積んでいくキャリア組とそうでない者という女性内分化が実現していく。

2 二重基準への対応

当然のことながら、女性であることで適用される異なる基準にうまく対応できる人たちがいる一方で、うまくできない人たちもいる。さらに言えば、女性に適用される基準を無視して、男と伍して競争するか、女性であることを積極的に受け入れるのか、どちらの選択をしても、それぞれの選択のなかで成功する人としない人が出てくる。あるいはそのどちらにも与《くみ》しない、あるいは与することができない人もいる。女性であるがゆえに作用する基準を無視したとしても、その基準はなくなるわけではない。たとえキャリアを追求すると腹を括った人でも、女性であるがゆえの困難を経験するだろうし、また、女性であることを積極的に受け入れる人も、だからといってそれで満足できるわけではないことは、古典としての地位を確立したベティ・フリーダンの『新しい女性の創造』（原書のタイトルは『女性らしさの神話（*The feminine mystique*）』）にも明らかである。[15]

いったい、男女の平等を達成するとはどういうことなのだろうか。

ここで注意しなければならないのは、男女の平等を達成するという言い方である。女性のなかから男性と肩を並べて競争し、成功する人が出てくるようになることを、平等の達成とみなしてもよいのだろうか。誰と、あるいは何と平等になることを、この言い方は意図しているのだろうか。このように考えると、私たちが問わなければならないのは、「性による不平等や差別はなくなったのか」ということだと気づく。だから、女性に対しては異なる基準が存在している現状において、この質問への回答は、「否」である。

さらに私たちが考えなければならないのは、「性による不平等や差別」が女性たちの外側にあって、女性たちに押しつけられているのではなく、女性たち自身もその産出に参加しているということだ。身近な例を取り上げてみる。私たちは、女性トイレに長い列ができているのを

15 ベティ・フリーダン『新しい女性の創造 改訂版』（三浦冨美子訳）大和書房、2004年。Friedan, B.（2001）. *The feminine mystique*. W. W. Norton.（Original work published 1963）

よく目にする。男性トイレは回転が速いのに、女性の方はずいぶんと長く待たされている。待たされても、女性たちは暴動を起こさないし、「待つこと」を当たり前とみなしているようだ。前述の高校生が、定員が別枠となっていることを「仕方ない」と思っているように、ここでも、待つことは「仕方ない」と女性たちは思っている。「男女平等」では、同じフロアに一カ所ずつの男性トイレと女性トイレが求められ、それが実現されている。だから仕方がないのだ。

しかし、この「男女平等」の実現をよく調べてみると、社会構造上の二重基準とジェンダーによる差別が、公共のスペースにおける建築上の構造となってあらわれていることに気づかされる。女性の方がトイレの一回の使用に時間がかかるのは明らかだ。だから「男女平等」では解決にはならない。ジェンダーによるこの不平等状態を解消するためには、建築上の構造への介入が必要なのである。数としての男女平等を実現するよりも、女性トイレの方により大きな面積をあてたり、女性トイレの設置数を男性トイレよりも増やしたりすれば、長い列も解消されるだろう。こうした措置こそ本来的な意味での公正な措置であり、「性による不平等や差別」解消のための措置である。

ところが女性たちは、公衆トイレでは「女性は待つものだ」という価値観――それは男性には求められないこと――を内面化している。だから、待つのも「仕方ない」とあきらめる。そして女性たちは「女性は待つものだ」ということを当たり前とみなし、それにしたがって考え、また行動している（例えば、並ぶことになるから、早めにコンサートホールを出ようとか）。このこと自体、性による異なる扱い、すなわち不平等や差別の産出に女性たち自身が貢献していることを示すのである。

3 W・E・B・デュボイスの論じた黒人の「二重意識」

ジェンダーや社会の不平等について話す時、女性たちによる以下のような発言に出合うことがある。

「自分とは関係ない」「それはその人たちの問題」「自分で責任をとればいい」「こういう社会だから仕方がない」「能力がないからどうしようもない」「自分が変なのかもしれない」「自分が間違っているのかもしれない」。

こうした発言は、社会の構造自体を変えることへの抵抗感、自分の経験することを「仕方ない」と受け入れるあきらめの態度、無能感、自己否定などをあらわしている。女性たち自身があらわす女性に対する差別のようにも受け取れるこうした発言、また、構造自体を変えることに対して「仕方ない」とするあきらめのようなものを、私たちはどう理解したらいいのだろうか。

これらは「二重意識(double consciousness)」という考え方によって説明できるだろう。女性たちは、彼女たちに対して働く男性のそれとは異なる基準を意識のなかに据えつけて「二重意識」を持つようになる。

「二重意識」とは、白人支配者のものの見方で自己を見つめ、軽蔑や憐憫を持って自己を測らざるをえない、黒人の意識のあり方を示すW・E・B・デュボイス(W. E. B. Du Bois)の言葉である。[16] デュボイスはハーバード大学から初めて学位を取得した黒人であり、社会学者であり、また公民権運動のパイオニアでもある。デュボイスはその著作『黒人のたましい』のなかで、黒人であるということによって、白人とは異なる基準でつねに判断される黒人の姿を描いた。黒人であるからこそ、いつも持ち込まれる基準のもとで判断され、黒人たちはその基準にしたがって、自己を見、自己を理解し、行動するようになる。「黒人であること」に基礎を置く白人とは異なる基準を、黒人たちは内面化していくのである。そうして「黒人だから」や「黒人なのに」という表現に基づく言動が黒人自身のものになっていく。これが差別される者の「二重意識」のあり方だ。

二重意識によって、自らを差別される者、劣っている者として位置づける行為者のあり方を理解することができる。そして、差別される者が無意識に差別的な基準を自らに当てはめていくことがわかる。二重意識の状態においては、社会的少数者は当該社会における優勢で支配的な言説を意識のなかに持ち、自分を監視し、評価する。その結果、社会的少数者は、自己および他者を差別の言葉で定義づけることになる。

『黒人のたましい』は、デュボイス自身の経験の告白から始まる。[17] この告白のなかで、白人の社会に生きる成功した黒人の学者である彼自身と、「他者の世界（other world）」の間に横たわる、問われない問いをデュボイスは描く。その問いが問われないのは、その問いにまつわることが、扱いにくく、また適当には表現されえないからである。彼に近づいてくる人は、「厄介者である気分はどんな感じか」と直接的に問う代わりに、ためらいがちに、あるいは、好奇心や同情やあわれみから、このように言う。「わたしの町にはすばらしい黒人が住んでいます」「メカニックスビルの戦闘にわたしは参加しましたよ」[18]、あるいは「こういう南部の不法と暴力

16 W・E・B・デュボイス『黒人のたましい』（木島始、鮫島重俊、黄寅秀訳）岩波書店、1992年。(Original work published 1903)
17 同前、12頁。
18 「メカニックスビルの戦闘」は、南北戦争の初期（1862年）の大規模な戦闘を指す。

が、あなたの血を煮えたぎらせるのではないですか？」と。これらの言葉にデュボイスは丁寧に答える。しかし、読者には、彼の告白を読んで、彼がいつも見くびられていると感じ、また、実際、異なる者として扱われていると感じていることがわかる。そして、「異なる」ということによって、理想や期待も含めて「人」とはどうあるべきかと定義されるものに、明らかに自分自身が当てはまらないと暗示されていることがわかるのである。

「わたしの町にはすばらしい黒人が住んでいます」という最初のフレーズは、見下しと同情、つまり善意の人々が意図せずおこなう「象徴的暴力（symbolic violence）」の事例として捉えることができる。権力を持つ側にある者は、フランスの社会学者ピエール・ブルデュー（Pierre Bourdieu）が「象徴的暴力」と呼ぶような暴力を、当たり前のように振るう。[19]「象徴的暴力」とは、優位であるとはどういうことかを暗示するようなちょっとしたふるまい、善意を持っておこなわれていながら人に屈辱を与えるような恩着せがましいふるまいを含む。「わたしの町にはすばらしい黒人が住んでいます」という言葉は、それ自体、黒人が通常、その言葉を発した人よりも劣っていること、その言葉を発した人が卓越していることを強調する言葉である。この言葉を発した人は、自身が人種差別主義者ではないと信じており、このように言うことによって人種差別主義者ではないと示そうとしているのだが、黒人はこのような言葉を、時にほのめかされた形で、あるいは強く、暴力として経験する。つまり、この言葉自体に人種差別が組み込まれており、見下しと同情を同時に含むような言葉を向けられた人々の意識のなかに、自分に対する見下しとあわれみの視点が暴力的に入り込んでいくのである。

このミクロな暴力は、差別される人々、抑圧される人々の意識に入り込み、自分が「異なる」という意識を強化する。見下しとあわれみに特徴づけられるやりとりのなかで発せられる言葉によって、差別される人々、したがわされる人々、抑圧される人々は、自分を問い質すことになる。その結果、デュボイスが論じるように、それらの人は自らを差別し、抑圧し、したがわせる権力の声によって、自分についての見方を作り上げていくのである。デュボイスは、このことを次のように述べる。黒人が育つ世界――白人が支配する世界――は、真の自己意識を彼に対して与えることはない。もう一つの世界が示すことを通してのみ、自己を見るようにさせるのである。そしてデュボイスは、このように付け加える。

19 象徴的暴力は微妙で婉曲的で目に見えない形の支配であり、支配としては認識されないために、社会的には、認識されない（認知されない）支配として認知されている。Bourdieu, P. (1977). *Outline of theory of practice* (R. Nice, Trans). Cambridge University Press. (Original work published 1972)

それは、奇妙な感覚である。この二重意識、たえず自己を他者の目によってみるという感覚、軽蔑と憐びんを楽しみながら傍観するもう一つの世界の巻尺で自己の魂をはかっている感覚[20]

デュボイスは二重意識という概念によって、人種差別がアメリカの黒人たちの意識の一部になっていて、そのような意識によって彼らが自身に対して非常に曖昧な態度、結果的には、自己を打ち負かすような態度をとるようになることを考察した。デュボイスが関心を寄せたのは、黒人たちが経験する露骨な人種差別ではなかった。そのような露骨な人種差別は、明らかになりやすく、したがって、抵抗を生み出しやすい。そうではなく、より目立たず、時に、目に見えない表現を持った人種差別であり、差別される者の意識のなかに潜み込んでいる可能性があるような人種差別のあり方だった。「象徴的暴力」のふるまいがもたらす効果を、差別される者は自らを服従させる声として意識のなかに内面化し、自分の内側で繰り返す。その結果、差別される者をしたがわせる権力がその人を扱うのと同様に、その人は自分自身を扱うようになる。

デュボイスが示したのは、人種差別の声、黒人たちをしたがわせ貶《おとし》めるその同じ声が、黒人自身のうちに存在しているということであった。あたかも自分に対して人種差別をする者のように、黒人たちは自分と関わる。つまり、自分自身に対して暴力を振るうのである。これが、デュボイスが「二重意識」で意味したものだった。黒人は、実際、二つの意識、二つの声を自身のなかに持っている。支配的な白人文化の基盤を形成する人種差別主義者の声と、自分自身の言葉を持とうとして苦悩するもう一つの声、その二つの声が二重意識を構成するのである。

4 学校現場の女性たちの二重意識

女性たちが教育的な場で経験する「〜に満たない」という感覚、「自己中傷」や「自己破壊」の感覚は、学校現場の二重意識という考え方によって理解することが可能になる。というのも、これまで説明してきた象徴的でミクロな暴力は、教育的な場面にも共通するものだからであり、そのミクロな暴力による効果は、デュボイスが描写したものと大きく異ならないからだ。実際、善意の教師がその言動を通して、女性たちを「〜に満たない」ものとして定義するよ

20 デュボイス、前掲書、15-16頁。

うな教育の現実がある。例えば、長距離走の授業での教育者の対応に見出される違いは、女子生徒への善意／見下しをあらわにする。[21] 教育者が女子に、「君たちよくやったよ、もういいから」と言う瞬間にそれは表明される。女子の生徒会長に「女子なのに、頑張ってるね」と言う瞬間や「女子もやってるんだから、男子も頑張れ」と言う瞬間にも表明される。このような教育者の言動は、デュボイスが描写したものと同様な善意／見下しであり、同種の効果を生み出すものと言える。こうした言動が繰り返されることで、女子生徒の意識にその声が密かに入り込み、次第に自分自身の声になる。彼女たちの内側にあるのは、その声だけではないかもしれないが、その声はいつもそこにあり、繰り返される。つまり、それが含む暴力を彼女たちは何度も自分自身のうちで繰り返すのである。人種における優位な立場からの声のように、この声は彼女たちの意識から生じたものではないが、その声は彼女たちのものとなる。彼女たちの心のうちで自分の声として自身によって発せられ、何度も密かに繰り返される。そして、自分自身を「〜ほど良くはない、すぐれていない」と自然に感じるようになり、彼女たちの達成願望や可能性を制限するようになる。結果的にその二重意識を通して、差別の構造が繰り返し打ち立てられることになるのである。

二重意識による自己の定義は、「女だから仕方がない」「自分が悪い」「自分に隙があった」「母親として失格」などという自己の評価に結びつく。または、「女だからできない」などという解釈や、「女のくせに出しゃばっている」「女なのにすごい」という解釈にもなる。これらは、社会におけるジェンダー規範が支配的な言説として自己意識のなかにあることのあらわれである。

こうした表現は、言葉の上のものだけではない。その言葉自体が、自己の行動を規定し統制することになる。

実際、二重意識という概念は、自分が自分自身との肯定的な関係を築くことを阻むものであり、社会構造によって制限を受けている人々自身が、そうした言葉にしたがって、感じ、考え、行動していることを明らかにする。その意味で、自分で自分自身を制限する言葉を再生産しているのである。差別は自分の外側に、打ち壊されるべき障壁としてあるという理解は、差別についての一面的な理解でしかない。差別は、差別される者がその差別に参加していることによっても維持されているのである。

21 片田は、女子へのやさしい声かけと男子への励ましという善意の指導パターンによって、性別によって異なる学びを生み出してしまう体育授業中の性別カリキュラムによる性差別を、長距離走指導を事例にして議論している。片田孫朝日「体育指導における性別カテゴリーの使用——高校体育の持久走授業の場面記述から」『スポーツとジェンダー研究』6巻、2008年、30-41頁。

5 ハラスメントの構造——二重基準のあらわれ、そして二重意識を生み出すもの

二重基準の作用と女性の二重意識が表現される場の一つに、大学キャンパスでのセクシュアル・ハラスメントやパワー・ハラスメントをめぐる言論がある。ハラスメントと呼ばれるものには、あからさまな暴力や嫌がらせだけが含まれるのではない。性に基づく不平等な扱いは、「女性だから」「女性のくせに」というフレーズに表現される、女性であることで持ち込まれる基準による、むやみなかわいがり、あるいは不当な攻撃という形をとることもある。ハラスメントを問題にする場合、むやみなかわいがりや不当な攻撃を可能にする環境や性差別の構造こそが問われなければならないのである。

大学キャンパスは二重基準が当たり前のように流通する環境である。『キャンパス性差別事情』は女性院生の覆面座談会を掲載しているが、そこでさまざまなハラスメントの実態が暴露されている。[22]

例えば、院生になって指導教員に結婚することを報告したら、これから論文を書くのにそんなに甘い態度でどうするのだと一喝され、嫌がらせが続いて、大学院を辞めてしまった事例が紹介されている。また、引っ越しや交際など私生活について指導教員に細かく報告することを求められる事例も紹介されている。理系の場合、セクハラを受けるのが嫌で夜遅くまで実験で残るのを避けなければならないこと自体が、男性院生と同じ条件で研究することを不可能にする実態があるという指摘もある。女性院生に対して、「あなたはフェミニストですか、フェミニストだと学界で認められない」と断定する教員による思想調査の実態などの報告もあり、驚愕させられる。私生活などについての心配はむやみなかわいがりに相当するものだろうし、また、思想調査や思いどおりにならない女性院生への嫌がらせは不当な攻撃に相当する。差別的な教育環境、研究環境自体が女性の意欲をそぎ、やる気をなくさせるように構造化されているようだ。

キャンパスにおけるハラスメント構造は、男性の仲間意識とそれ以外の者の排除という観

22　上野千鶴子編『キャンパス性差別事情――ストップ・ザ・アカハラ』三省堂、1997年。2022年3月に朝日新聞デジタルは「『リケジョ』がなくなる日　相談室編」という連載を掲載し、指導する男性教員からハラスメントを受けても、女性研究者の多くが我慢し、また、大学の相談室に訴えても立場の弱さゆえに、適切な対応が得られるとは限らないことを示した。上野編『キャンパス性差別事情』出版から25年経てもキャンパス内の性差別に変化がないことに驚かされる。

点、「俺たちの世界」の誇示という視点から分析されてきた。[23] その構造の上に、二重意識ゆえの差別産出への女性自身の参加がある。だから、卑猥な話を聞いて不快に思ったとしても、笑顔を浮かべながら、時には笑って参加してしまう。ゼミでのお茶汲みも、男性の大学院生が同級や後輩であっても、自ら進んでしてしまう。そして教員からの性的嫌がらせを受けたら、自分に隙があったのではないかと自分を責めてしまう。「私が悪い」「私に能力がないから」。これらは典型的な女性の言葉である。

二重意識の結果としてのこうした行為を通して、女性は自ら進んでハラスメントの対象になりやすい位置へと自分を置いてしまう。ここには、二重意識を生み出す二重基準という構造的な問題があるのである。

6 バックラッシュと性差別——変化への抵抗

二重基準という構造的問題があることは明らかなのだが、ジェンダーによる異なる基準を意識化し、なくしていこうとする動きは抵抗にあう。実際、教育におけるジェンダー平等推進の運動は、2000年代に入ってバックラッシュを経験した。[24] バックラッシュとは、ある言動や社会現象への反動や反感を意味するが、この場合、ジェンダーフリー教育バッシングとして顕在化したのである。例えば、ジェンダーフリー教育は、子どもたちを中性化し、男女の性差をなくそうとしているとか、男女の更衣室やトイレを一緒にしようとしているという主張がなされたり、「端午の節句」や「ひなまつり」などといった伝統文化を否定しているとか、「過激な性教育」を実践しているという主張がなされたりした。

そうした主張の裏で、実際のところバックラッシュが目指したのは、伝統的家族観を揺るがすと思われた「男女平等」を、批判の対象とすることだったと言われている。[25] バックラッシュの担い手たちにとって、女性だけに適用される基準、二重基準は保持されるべきものだったのである。なぜなら、女性は、劣ったものであり続けなければならないからだ。

変化への抵抗は、自己選抜という議論にもあらわれる。自己選抜とは、例えば、理学部に進学する女性が少ないのはなぜかということを説明しようとする概念である。入学申し込みの際や入学選抜の際に直接的に差別的取り扱いがなされているからなのか、あるいは、女性たちが

23 菊地夏野「キャンパス・セクシュアル・ハラスメントの困難――ホモソーシャルな大学」『女性学年報』23号、2002年、71-89頁。
24 若桑みどり他編著『「ジェンダー」の危機を超える！――徹底討論！ バックラッシュ』青弓社、2006年。
25 上野千鶴子他『バックラッシュ！――なぜジェンダーフリーは叩かれたのか？』双風舎、2006年。

進んで理学部へ進学を望まないからなのか、定かではない。しかし、自己選抜の議論では、女性たち自らが理学部に行かない選択をしており、女性たちがそのように社会化されたからだとする。

このような議論は、いろいろな選択を女性自身による自己責任の帰結とみなすように仕向けることにもなる。そのため、社会自体は差別的な措置をおこなっていないし（例えば、社員募集を男性に限定するとか、選挙権を男性だけに与えているとか、大学は男性だけしか行けないなど）、選択の機会は、男女雇用機会均等法の実施などにより広く男女に開かれているのであって、女性がそのように選択したから現状はこのようになっているのだという結論が導き出される。そして、自己選抜の議論は、男女それぞれの特性を生かした多様な選択を認める社会、個人の生き方を尊重する社会の称揚につながり、結果的に、社会構造に埋め込まれた制度的な性差別は問われないままになる。

本当に問わねばならないのは、なぜ女性が理学部を進んで選ぼうとしないのか、という問いであり、なぜ女性はあえていまある現状にとどまるような選択をしているのかという問いだ。そして彼女たち自身による自己選抜は、結果的にジェンダー間の不平等を再生産し、既存の社会のあり方を再生産してしまうのだ。

繰り返しになるが、二重基準と二重意識が、その問いへの答えである。

7 どちらの自己を養うのか

「女性であること」に基礎を置く異なる基準がいつも持ち込まれることによって、女性たちは、その基準にしたがって自分自身を理解し、他者を理解するようになる。そして、差別の言葉を自らのうちに産出させていくことになる。なぜお茶汲みやお酌を自ら進んで買って出るのか。なぜ目上の男性を「すごいですね〜」と持ち上げてしまうのか。なぜアシスタントに甘んじてしまうのか。なぜ女性同士が「女のくせに」「女なんだから」と規制し合ったり、非難し合ったりするのか。なぜ就職や昇任、他者からの評価に関わって男性社会のなかで認められない場合に、制度自体を疑問視せず、実力がないからと自分を責めるのだろうか。なぜ現状に対して苦しみを感じていても、自分が我慢したり、努力したりすれば何とかなるかもしれないと思ってしまうのか。これらの背景には二重意識がある。二重意識の効果は、デュボイスが論じるように、女性が自らを劣っている者だと、どういうわけか思い込んでしまうような形であらわれる。

だから差別への対抗は難しい。対抗とは、内面化された見方や考え方、自分自身の意識を構成するもの自体を、意識化して見直すことを意味するからだ。しかしトイレの例に見られるように、「当たり前」となった基準を意識化することは困難なことである。こうして、差別を可能にする環境が温存されることになる。

二重意識の働きを断ち切る唯一の方法は、二重意識を意識化し、自己との関係を築き直すことである。黒人女性の立場から文化・文学批評、メディア批評、フェミニズム理論などの分野で多くの著書を執筆しているベル・フックスも二つの自己について次のように述べている。[26]

二つの自己とは、「病んだ自己と必死に良くなろうとする自己」である。本書の議論にひきよせれば、この二つの自己は、性差別、人種差別、同性愛嫌悪などあらゆる形態をとる、差別という暴力を生み出し続ける病んだ自己（sick self）と、それらを生み出し続けて自ら病んでいくことにストップをかけて、必死に良くなろう、健康になろうとする自己と解釈することができるだろう。そして、ベル・フックスは読者にこのような問いを投げかける。「どちらの自己にあなたは栄養を与えているのか」と。デュボイスの議論に置き換えれば、このようになるだろう。「あなたは自らの心のうちで、どちらの声を発し続けているのか」。私たちは病んだ自己に栄養を与え続けること、差別構造を維持する声を発し続けることをやめ、それぞれのうちにある必死に良くなろうとする自己に栄養を与え始める必要がある。

ベル・フックスが二つの自己という物語で示そうとしているのは、自分自身のうちにあって大きく響く抑圧的な声を和らげ、異なる声、もっと健康な自己を生じさせるような声に栄養を与えようということなのだろう。その結果、私たちは自己との新しい関係性を作っていくことができる。だが、そのような声を私たちはどのようにしたら見出すことができるのだろうか。どのようにしたら、そのような声に栄養を与えることができるのだろうか。この問いに対する答えを第5章、第6章で探ることにしよう。この問いに答えるには、人々の意識のなかに浸透している差別の言葉による自己理解や他者理解を乗り越える方法を探究しなければならない。

26　hooks, b (2009). *Teaching critical thinking: Practical wisdom*. Routledge, p. 52.

第4章

性差別はそこにあるのに、私たちはみんな見えなくさせられている

第3章で述べたように、戦後、民主化原則――そのなかには、男女平等も含まれていた――が強調された学校教育分野では、男女平等が達成された（とみなされている）のは、民主主義のおかげであるという見方が根強い。したがって、そこでは第2章で見たようなポストフェミニズム――女性の社会進出や男女の平等をフェミニズムの成果とみなす――とは異なる状況にあると言える。つまり、教育における「男女平等」は、女性解放運動や、ウーマンリブや、フェミニズムが勝ち取ったものではなく、戦後の民主化路線のなかに位置づけられるものとみなされているのである。

このことは、英米のポストフェミニズムの論調と比較すると明確になる。例えば菊地は、日本でのフェミニズムに対する評価の特徴を、次のように概括している。「英米のポストフェミニズムの傾向とは違い、そもそもフェミニズムに否定的な評価が先立つのが日本の特徴である。バジェオンが指摘したような、フェミニズムの成功を承認することによってその終了を宣言するポストフェミニズムの特性は、日本ではそもそもフェミニズムの成功を認める言論が少ないという点で当てはまらない」[1]。菊地にしたがえば、日本ではそもそもフェミニズムの成功に対する承認が広く共有されていない。フェミニズムは承認されることもないまま、いきなり終了宣言されてしまったと言える。

もちろん、個々の法律の制定や改正（例えば、男女雇用機会均等法の改正や、介護保険法の制定）に向けて、多くの女性グループが運動をおこなってきた。しかし、一般社会に受け入れられている言論のなかでは、日本での女性の社会進出は社会の経済的発展や民主化に伴う当然の変化として受け止められ、フェミニズムによって起こったものとはみなされていない。

２０１５年に時限立法として公布施行された「女性の職業生活における活躍の推進に関する法律」（いわゆる「女性活躍推進法」）も、一見して女性の社会進出を促す「善き」制度に見えるものの、その制定の背後にあるのは人口減による労働力不足を女性の労働で補塡するというアイデアである。

他方で、近年、専業主婦願望を持つ若い女性が増えてきていることや、「女子力」といった言葉の流通に、英米のポストフェミニズムにおいて特徴の一つとして挙げられている「性的差異の再強化」を菊地は見ている。「新たに定義された性的差異は、まさに女性たち自身の身体と意識において確立され、生きられているのである。彼女たちは、男性中心社会において男性的な成功に向かって競争に参入しながら、同時に、女性的な身体性を体現するために日々向上しなければならない。そこでは矛盾する価値を統合し、文脈や場面に応じて使い分けなければ

1　菊地夏野「ポストフェミニズムと日本社会——女子力・婚活・男女共同参画」越智博美、河野真太郎編著『ジェンダーにおける「承認」と「再分配」——格差、文化、イスラーム』彩流社、２０１５年、80-81頁。

ならないため、常に緊張と葛藤の渦中にいる」[2]。つまり日本では、フェミニズムに対する一般的な社会的承認がないままに、ポストフェミニズム——特に、性的差異の再強化と新自由主義の合理性に基づく社会制度の再編成——へと突入したのである。

戦後の男女平等を伴う教育の民主化は、教育における「二重基準」を準備する土台を用意した。そして女性解放運動やウーマンリブや「フェミニズム」の成果を、戦後の教育政策に見出す教育学の学問的言説はほぼない。教育学は「フェミニズム」を明確に意識することはなく、「二重基準」に対抗するような考え方や実践を明確に提示することができなかった。教育学研究がフェミニズムの成果を明示的に取り上げなかったために、学校における日常の教育実践のなかで、社会構造に埋め込まれた性差別がどのように作用しているのかについて反省する契機を、教育学研究は得ることができなかったのである。

改めて本章では、教育分野におけるポストフェミニズムをめぐる議論について英米圏と日本を比較してみたい。この比較により、戦後の教育分野における男女平等の特異なあり方がわかるだろう。日本の教育学の研究は、男女平等を民主主義の価値の一つとして受け入れる土壌を準備した。これにより教育分野は、男女の違いについてことさら取り立てない文化、すなわち「脱性別化」文化を普及させたのである。男女平等を民主主義の価値の一つとして位置づけたことは、フェミニズムを意識的・無意識的に忘れさせ、そして「脱性別化」文化により、誰しもが性の影響を受けることはない中立的な立場をとることができると強調した。

その結果、本章でのちに述べるように、現実にはおこなわれている性差別的な実践を「意識化」することが不可能となり、学校教育分野における男性中心の秩序が問われない状態が放置されてきたと言える。そのうえで、学校教育政策に新自由主義の合理性を取り込み、その帰結として、特異な日本のポストフェミニズム状況が生じたのである。この状況下にある学校教育現場では、性を超越した個人がその能力に応じて活躍できる、そして、性を取り立てなければ公正な環境を用意できる、子どもたちは「性に関わりなく」公正な競争に参入できるとの想定のもとで、子どもたちに教育的な働きかけをおこなっている。このような想定が、逆に性差別構造の再生産を許しているとも言えるだろう。こうした構造自体を変えるために、教育には何ができるのだろうか。この問いに取り組むために、まず本章では日本の学校における「性差別」を見えないものとして扱う文化について見ていこう。

2 同前、76頁。

1 男子は落ちこぼれていない

英米圏の学校教育分野におけるポストフェミニズムについての研究には、日本で見られない一つの大きな特徴がある。それは、大衆メディアや教育政策のなかで聞かれる「落ちこぼれる男子たち（failing boys）」という主張に対しておこなわれる議論である。「落ちこぼれる男子たち」は、英米圏では１９９０年代から語られ始めた。教育政策や大衆メディアが、女子が男子を学業達成の面で追い抜いたこと、男子の学業成績が落ち込んでしまっていることを問題視したのである。[3]

オーストラリアでは、第二波フェミニズムとともに、平等な機会や性差別的でない教育プログラムを開発する学校改革、教育政策がおこなわれた。[4] こうした改革を導いたフェミニズムの論調は、ジェンダーによる違いに基づいた区別をやめよう、そして、性役割のステレオタイプに異議申し立てをしようというものだった。ところが80年代になると改革を導くフェミニズムの論調が変わり、ジェンダーによる違いが教育方法や学習スタイルにどのように影響を及ぼすのか、ということへの注意が向けられるようになる。80年代、90年代にフェミニズムの理論がさらに精緻化されていくのと並行して、平等よりも差異や違いが強調されていくようになったのである。

90年代になると、教育改革が進むなかで、「男子はどうなんだ」という議論が沸き起こった。男子に注目する議論は、ジェンダーと教育をめぐる諸々の「懸念」を示していたとされる。[5] 例えば、いまや女子たちが男子たちを学業成績で上回っているとか、男子たちは彼らが必要とするような支援を得られていないという懸念である。これに対して、男子たちを伝統的な「男らしさ」とは別のあり方で「男らしく」いられるように励まし、厳格なジェンダー・ステレオタイプを問うよう各学校に促す教育政策が繰り広げられた。

やがて男子をめぐる教育運動のなかで、「男子」のアイデンティティが取り上げられるよう

---

3 第3章で東京都立高校の男女別入学定員について紹介した。大阪府立高校でも「男女比ルール」として定員の9割まで男女別で合格者を出して、残り1割を男女合同の順位で合格者を決めていた。2013年度入学者対象の入学試験で「男女比ルール」が廃止された結果、大阪府立高で女子生徒の占める割合は、2012年度は53・4%、20年度には55・4%になった。普通科では確かに女性が優勢となっている。ただし、エリート養成の役割を持つ「文理学科」では男性優勢が続いている。『毎日新聞』「大阪府立高『男女比』廃止9年」上・下、2021年8月4、5日。

4 McLeod, J. (2009). What was poststructural feminism in education? In Apple, M. W., Au, W., & Gandin, L. A. (Eds.), *The Routledge international handbook of critical education* (pp. 137–149). Routledge.

5 ibid., p. 141.

になった。その結果、いわゆる自然で本質的な男性性を改めて主張する道が開かれ、[6] 結果的に教育政策や教育実践において男子たちの自然な学習スタイルなどへの配慮を学校に求めることになってしまった。その配慮とは、例えば「説明を聞くだけでなく、実験や組み立てなど実践的な活動を取り入れた学習スタイルが男子には適切である」とか、「トピックを頻繁に変えたほうが男子は集中力を保つことができる」などで、[7] 実際に教室で男子をどのように扱えばいいのかについて、教育者にヒントを与えるようなものとして示された。そして、自然な男子のあり方、自然な女子のあり方という考え方が改めて強調されるようになり、固定化されたジェンダーの違いが示されたのである。

同様なストーリーはイギリスにも見られる。[8] 90年代に登場した「落ちこぼれる男子」という言説を、「事実」としてメディアや政府が作り上げたのである。『落ちこぼれる男子?（*Failing boys?*）』は、教育分野におけるカルチュラル・スタディーズ研究者のデビー・エプスティン（Debbie Epstein）らが編集した1998年の書籍のタイトルであり、同書のなかでエプスティンは「落ちこぼれる男子」という言説を問題視したが、20年経ってもこの言説は続いている。ナショナル・カリキュラム・アセスメント（教育課程査定）で、女子たちが男子たちを上回っていることや、一般中等教育修了資格試験（GCSE）では、どのレベルにおいても女子たちの方が良い結果を出しているなどといったデータを引き合いに出して、メディアは「ジェンダー・ギャップ」という議論の余地のない「事実」を作り上げている。

ここで言うジェンダー・ギャップとは、女子が不利な状況に置かれていることを意味するのではなく、男子たちに降りかかる不利な立場を示している。「落ちこぼれる男子」パニックを受け、２０００年から２００４年にかけてイギリスでは、教育技能省（Department for Educa-

---

6 McLeod. *op. cit.*, p. 142.

7 Weaver-Hightower, M. (2009). Masculinity and education. In Apple, M. W., Au, W., & Gandin, L. A. (Eds.), *The Routledge international handbook of critical education* (pp. 163–176). Routledge, p. 173. ウィーバー＝ハイタワーは、男子が落ちこぼれるという問題に対応する仕方として、教育者たちが現実に導かれるのは実用的な助言であると指摘する。しかし実用的な助言には限界があると論じる。「これら（実用的な助言）には限界がある。トピックを頻繁に変えること、実践的活動を取り入れること、父-息子関係のような体験を与えることなどは、確かに教育者や教育行政関係者がコントロールできるものである。これらは大衆的なレトリックでもあり、また、実践志向の文献が提案するものでもある。だがこれらの文献は、教育者たちに、社会化の制度自体や、政策決定や、養育する保護者や、男子自体を問うことを求めない。私たちが直面しているのは学校での『男子問題』ではなく、『男らしさの問題』であり、この問題は部分的には学校教育によって生み出されていると議論できる。教育者たちによる男子教育に関する積極的な行動や専門意識は、より大きな問題を生み出している権力と特権のシステムを変革するよりも、教室のなかでの技術的な変化をもたらすことを試みるように教育者たちに絶えず求める限定的な言説によって短絡的なものにとどまってきた」(p. 173.)

8 Ringrose, J. & Epstein, D. (2017) Postfeminist educational media panics, girl power and the problem/promise of 'successful girls.' In Peters, M. A. et al. (Eds.), *A companion to research in teacher education* (pp. 385–399). Springer.

tion and Skills）から委託されて「男子たちの学業成績を向上させるプロジェクト（Raising Boys, Achievement project）」がおこなわれた。こうした状況のなか、大衆メディアは男女を対立させる教育達成についての言論を選択的に取り上げて、「落ちこぼれる男子」と「良い結果を出す女子」というストーリーを作り上げ、単純なジェンダー・ステレオタイプを生み出している。このようなストーリーは、いわゆる「ジェンダー秩序」を脅かすものとして、イギリスの教育社会学者であるジェシカ・リングローズ（Jessica Ringrose）は、「ポストフェミニズム・メディア・パニック」と名づけている。[9] つまり女性の教育的な成功が、「自然なジェンダー秩序」を乱しており、その原因をフェミニズムに求めた社会現象を「ポストフェミニズム・メディア・パニック」と呼んだのである。

２０２２年のいまも、グーグルに「failing boys」と検索語をタイプすると、男子の教育に関わる保護者や教育者などが、おそらく不安に煽られて検索した結果を反映したアルゴリズムのおかげで、よく読まれた記事が上位に挙がる。実際、「ジェンダー・ギャップ――なぜ男子は女子より成績が悪いのか（The gender gap: Why do boys do worse than girls at school?）」という「アイリッシュ・タイムズ（*The Irish Times*）」の記事（２０１３年11月12日）や、２０１９年４月７日（２０１９年４月９日に更新）の「ＵＳＡ・トゥデイ（*USA Today*）」の記事「『男子の危機』が経済、健康、自殺の危機をもたらしてアメリカの未来を危うくする（“Boy crisis” threatens America's future with economic, health and suicide risks)」が検索でヒットする。

二つ目の記事は、『男子の危機――なぜ男子たちは低迷しているのか、そして私たちには何ができるのか（*The boy crisis: Why our boys are struggling and what we can do about it*）』の共著者の一人である、政治学者ワレン・ファレル（Warren Farrell）が書いた論説である。このなかでファレルは、「男子の危機」を「世界的な危機」と呼び、「教育の危機だ。世界的に見て、国際評価プログラムの三つのコア科目において、基本的な習熟レベルに達していないもののうち6割は男子である。ＩＱレベルも落ちている」と述べている。[10]

他にも「ＵＳＡ・トゥデイ」２０２１年10月９日の「危機にある男子――若い男性たちを学校は落ちこぼれにしている。以下に述べるのは学校が変わるべき点だ（Boys in crisis: Schools are failing young males. Here's what needs to change in classrooms）」というアメリカ、ピッツバーグ近郊にある私立男子校の校長が書いた論説記事のタイトルも検索結果で表示される。

世界では女性運動が功を奏して女性の社会進出が進み、労働市場に多くの女性が参入した。

9 Ringrose & Epstein. *op. cit.*, p. 385.

10 Farrell, W. *USA Today*. https://www.usatoday.com/story/opinion/2019/04/07/males-risk-boy-crisis-identity-america-future-addiction-suicide-column/3331366002/

教育分野も例外ではなく、女性の教育達成を向上させる政策的な努力により、女性の進学率が上がり、ジェンダー・ギャップの逆転現象が起きているところもある。「落ちこぼれる男子たち」という言説は、こうした現状を背景にしている。

日本では、男子は落ちこぼれていない。それどころか、4年制大学進学率において、世界の趨勢に反していまだに女性は遅れをとっている。なぜ日本では男子は落ちこぼれていないのか。この問いは、あまり正しいものではない。むしろ、英語園での事例からも明らかなとおり、条件が揃えば女子は男子を抜きんでる可能性があるのに、なぜ日本では女子はうまくいっていないのかが問われなければならない。

実際、OECD加盟国のなかでも、日本では高等教育段階に進学する女性の割合が平均を下回っていることが知られている。卒業者も女子の方が割合として少ない[11]。戦後の民主化路線により男女平等の条件は揃ったはずである。それなのになぜ、女子は男子を抜きんでていないのか。東大でも学部段階においてなぜ女性の入学者数は2割の壁を越えられないのか。なぜ、学力の観点から男子の方が成功しているように見えてしまうのだろうか。

2 リベラル・フェミニズムの教育研究

「落ちこぼれる男子たち」という言説のメディアによる煽り、それによるパニックの創出、これが生み出すフェミニズムへの反動的なリアクションは、主にこの言説が「達成」という点に焦点を当てていることから成立している。「達成」から現象を評価する場合、競争の視点が伴うことは避けられない。全体としてのパイの大きさが変わらなければ、その分け前を争う競争に外部から誰かが加われば、いままでそのパイを分け合っていた人々のうちの誰かは蹴落とされる。そうなれば、反動的リアクションを免れることは難しい。

この「達成」の観点は、リベラル・フェミニズムが求めた社会改革をめぐる言説にも埋め込

11 OECD. (2022). Table B4.1. Profile of new entrants to short-cycle, bachelor's, master's levels and of first-time entrants into tertiary education. In *Education at a glance: OECD indicators 2022*. https://www.oecd-ilibrary.org/sites/3197152b-en/1/3/4/index.html?itemId=/content/publication/3197152b-en&_csp_=7702d7a2844b0c49180e6b095bf85459&itemIGO=oecd&itemContentType=book#tablegrp-d1e16083

まれているものである。リベラル・フェミニズムは、フェミニズムのなかでも、特に、自由主義的な改革を求める主張を持っているとされている。ベル・フックスは、リベラル・フェミニズムの主張に埋め込まれた暗黙の前提を示すために、アメリカの政治学者でジェンダー・スタディーズ研究者のジラー・エイゼンシュティン（Zillah R. Eisenstein）がリベラル・フェミニズムの特徴として挙げる事例を検証している。[12] エイゼンシュティンは、1977年[13]に実施された女性の権利問題に関する会議（ヒューストン会議[14]）で掲げられた要求を、リベラル・フェミニズムの革新性を示すものとして紹介した。それは、以下のようなものだ。

ヒューストン会議では、世界や国家や家族や個人生活においてわたしたち女性の運命を決定づける、女性の声と役割が十分に反映された人間の権利としての要求が報告されている。特に報告されたのは次の要求である。

1. 家庭内暴力の根絶と被害者の女性のためのシェルターの設置
2. 女性起業への支援
3. 児童虐待の解決
4. 公的負担による性差別主義的でない育児制度
5. 就業を希望し、就業が可能な女性のための完全雇用政策

6. 婚姻関係における専業主婦の保護
7. メディアにおける性差別主義的な女性描写の禁止
8. 女性の性と生殖に関する自由の確立と強制的不妊手術の禁止
9. 少数民族の女性に対する二重差別の救済
10. 強姦法の改正
11. 同性愛に対する差別撤廃
12. 性差別主義的でない教育の確立
13. 女性に関するすべての福祉改革案の見直し[15]

12 ベル・フックス『ベル・フックスの「フェミニズム理論」――周辺から中心へ』(野崎佐和、毛塚翠訳)、あけび書房、2017年、42–43頁。hooks, b. (2000). *Feminist theory: From margin to center, second edition*. South End Press, p. 21. (Original work published 1984)

13 ベル・フックスは1978年と記しているが、実際は1977年に開催された。

14 1977年11月18日から21日の間にテキサス州ヒューストンで開催された全米女性会議のこと。1975年に国連により宣言された国際女性年を受けて、当時のジェラルド・フォード大統領により大統領諮問委員会として設立された「国際女性年を祝う連邦委員会(National Commission on the Observance of International Women's Year)」によって主催された会議である。

15 フックス、2017年、前掲書、42–43頁。hooks. (2000). *op. cit.* ibid., p. 21.

これらの要求を、ベル・フックスは「自由主義的な改革」と呼ぶ。確かにこれらの実現は、女性の生活に大きな改善を及ぼすことになるだろう。しかし、ベル・フックスはこれらの改革について、「支配のシステムを根絶するという考え方には結びつかない」し、「社会における支配の仕組みを根絶することは強調されていない」と言う。[16] なぜなら、エイゼンシュティンがリベラル・フェミニズムの革新性を示すものとして列挙する上記の事項は、「文化を基盤とした集団的な抑圧に挑戦したり、変革したりしないでも、自分たちと同じ階級の男性との平等を達成することができる」と謳うものであるからだ。つまり、「支配の問題」は抜け落ちてしまっているのである。[17] 自由主義のイデオロギーを背景とするフェミニズムの運動は権利獲得を求める運動であり、支配の仕組みの変革を求める運動ではない。女性がより多くの平等の機会を手に入れることが自由主義的な改革の中心部分にある。こうした革新的とも見える女性による女性のための上記に挙げられるような権利要求は、「現況の白人至上主義、資本主義、家父長制国家のなかで女性により多くの機会の平等を与えることを目的とした自由主義を維持するのに必要な批判的で分析的な推進力となるイデオロギー的なサポートシステムとしての役割を果たし続けるだろう」。だが「本質的にフェミニズムの闘いの重要性をおとしめている」とベル・フックスは断言する。[18]

ヒューストン会議の1977年の要求は、21世紀に入ってすでに20年経つ日本社会では、現実に取り組まれていたり、求められていたりしているものでもある。70年代に日本でウーマンリブに参加した人たちは、女性の社会参加や職場進出を声高に求めた。しかし彼女たちの要求はメインストリームメディアでも嘲笑の対象になったことが知られている。ようやく現在、まともに要求の声が聞かれるようになったとも言えるが、このヒューストン会議での要求には、現代の日本において男女共同参画政策やジェンダー政策のなかで議論されたりすることとの共通点を認めることができる。つまり、私たちの多くが日常のなかで触れるフェミニズムは、リベラル・フェミニズムであるということになる。

アメリカのバイデン政権が2021年3月にホワイトハウス内に創設を表明した「ジェンダー政策評議会」の優先戦略も、女性が経済的な困窮に陥らないようにすることや、労働に対する正当な対価を得られるようにすること、さらに、ジェンダーに基づく暴力の排除や、性の健康などを掲げている。これらの優先戦略は、70年代に求めてきたこととそれほど変化がない。やはり世界の主流となるジェンダー政策の中心には、自由主義のイデオロギーがあるのだ。

16 同前、43頁。ibid., p. 21.
17 同前、43頁。ibid., p. 21.
18 同前、44頁。ibid., p. 22.

ジェンダーをめぐる教育研究も、自由主義の影響から自由ではない。ここで、アメリカの批判的教育学研究の系統に位置づけられるキャスリーン・ウィーラー（Kathleen Weiler）が議論するリベラル・フェミニズムの主義主張を背景に持つ教育研究の特徴を見てみよう[19]。

ウィーラーは、リベラル・フェミニズムによる教育研究が、主にカリキュラムや教育実践に潜む性別に基づく偏見やステレオタイプを指摘するものであると論じる。性役割のステレオタイプ的実践がなくなれば、資本主義社会における男女の平等が達成されるとリベラル・フェミニズムは想定するが、ある人にとっての社会的現実が、物質的な制約の上に権力がさまざまなあり方で作用して作り上げられているという過程をリベラル・フェミニズムは考慮していない、とウィーラーは指摘する。

このウィーラーの議論はインターセクショナリティの議論に相当するだろう。インターセクショナリティとは、ジェンダーか人種かどちらか一つのカテゴリーのみに属する人の経験を理解させるのではなく、ある人が同時に属するさまざまなカテゴリー、例えば、ジェンダー、人種、年齢、セクシュアリティ、身体などのカテゴリーが相互に影響し合って、ある人の経験が形作られていくことを理解させる分析の枠組みのことである。交差性とも呼ばれる。しかしリベラル・フェミニズムの観点からの教育研究では、家族、学校、仕事の交差するところでジェンダーの社会的構築がおこなわれる過程——そしてその過程で性による抑圧が複雑なあり方で生み出されていくのだが――を十分に明らかにすることができないのだ。

このように、リベラル・フェミニズムの教育研究は教育学に大きな貢献をしてきたのは確かだが、権力関係に潜む性差別の深さを無視してしまう。ベル・フックスがリベラル・フェミニズムについて論じたように、ウィーラー[19]もリベラル・フェミニズムの観点に基づく教育研究は、抑圧や支配の問題を適切に論じることができないとする。

ジェンダーのステレオタイプ、学校のなかの性役割、性に基づく偏見、これらを明らかにすることによって、リベラル・フェミニズムの観点に基づく教育研究は、女子が男子と同様に競争に参加できるような社会に変えることを意図している。つまり、競争の際に、デフォルトで男子が下駄を履いている状態をやめにしようということである。だから、リベラル・フェミニズムの主張が実現してうまくいけば、(イギリスやアメリカやオーストラリアで起こったように)デフォルトで履いていた下駄がなくなってしまった男子の側に立つ批判、すなわち「落ちこぼれる男子」問題が浮上するのである。

個人の努力が強調されて、例えば大学進学率で女性が男性を上回ったり、さまざまな専門職

19 Weiler, K. (1988). *Women teaching for change: Gender, class and power*. Bergin & Garvey Publishers, inc.

の採用数で女性が増えていったりして女性の社会進出が目に見えてくると、自分の立場が女性に脅かされてしまうと男性は不安に駆られる。なぜなら、ジェンダーという対立軸が際立って、あたかも、女が男のパイを食っているように見えてくるためである。さらに、性別に関わらず同じ土俵で競争することを可能にしようとする取り組みだけに注意を向けてしまうと、そもそも男性間や、女性間に存在する社会・経済的な格差や、人種やジェンダーやセクシュアリティなどが交差するなかで深まる抑圧を見過ごしてしまうことにもなる。

リベラル・フェミニズムの視点を持つ教育研究は、学校を、メリトクラシー（能力主義・業績主義）が作用する場、平等の機会を調整する場とみなしていると言えるだろう。そして、平等の機会の調整機能を阻害するとみなされる性差別や、性役割のステレオタイプの再生産の是正を求めることに向かう。教科書で描かれる男の子や女の子のイラストに注意を払い、物語のなかで女の子がどのように描写されているのかを指摘し、教師たちの言動に性役割のステレオタイプを検出する。そして、性別に関わりなく、その「社会」で認められ、「社会」に参加できることを目指すのである。

上で触れた「性別に関わりなく」というフレーズは「男女共同参画社会」の行政文書や、学校行政文書のなかによく見られるものである。人類が気候変動や感染症や紛争などさまざまな問題を抱えながらも、地球に暮らし続けるために、２０３０年までに達成されるべき17のゴールを示したＳＤＧｓ（「持続可能な開発目標」）は、学校での総合学習で扱う格好のトピックになっているが、ゴールの一つの「ジェンダー平等」を取り上げて、内閣府男女共同参画局は学校教材でも利用できるような啓発ブックレットを２０２１年に作成した。ブックレットでは、「男性と女性は身体のつくりは違っていても平等です」として、「性別に関わりなく、その個性と能力を十分に発揮することができる社会づくりのための取組み」がジェンダー平等に向けた取り組みだと位置づけている。

余談になるが、「性別に関わりなく」「個性と能力を十分に発揮することができる」は、１９９９年に施行された「男女共同参画社会基本法」の前文にも登場するフレーズであることを指摘しておこう。基本的に、行政文書においては、ジェンダー平等とは「男女共同参画」とされ、「性別に関わりなく」「個性と能力を十分に発揮する」ことを意味するように方向づけられてきた経緯がある。

ところで、「男女共同参画」の政府の定訳は、gender equality すなわち「ジェンダー平等」である。しかし、日本語では「男女平等」でも「ジェンダー平等」でもなく、「男女共同参画」という語が採用された。[20] ＳＤＧｓへの取り組みが始まり、17のゴールのなかに「ジェンダー平

20 上野千鶴子『女たちのサバイバル作戦』文藝春秋、２０１３年。

等」が示されたことから、「ジェンダー平等」や「男女平等」を避けるために、わざわざ「男女共同参画」という語を作って、その意味することを「基本法」や「基本計画」のなかに繰り返してきたにもかかわらず、「男女共同参画」の意味内容を今度は「ジェンダー平等」の語に付与した。そして、何事もなかったかのように平然と「ジェンダー平等」／「男女共同参画」とは、「性別に関わりなく」「個性と能力を十分に発揮できる」ことを意味すると広報している。このことに注意しておきたい。

基本法で示されたこの「男女共同参画」のビジョンは、地方行政の「男女共同参画計画」でももちろん繰り返されることとなる。日本全国、津々浦々、私たちは「男女共同参画」とは、「性別に関わりなく」「個性と能力を十分に発揮できる」ことを意味すると聞かされている。

問題は、この「社会」がどんな「社会」なのかを問うていないことである。既存の社会構造がどんな支配─抑圧をおこなっているのかを問わずに、その既存の社会に、「性別に関わりなく」「個性と能力を十分に発揮」して参加するよう政治は求めている。言い換えれば、この「既存の社会」に従順になることを、政治は求めているのである。「既存の社会」で、その「社会」が求める能力や個性を発揮して、この「社会」の発展に貢献してくださいと言っているのと同じである。

「性別に関わりなく」のフレーズが示すビジョンは、社会基盤にある性差別主義や集団的抑圧を問い、その原因を探ったり根絶したりすることから私たちを遠ざけてしまう。なぜなら、既存の社会のなかでの、男女の平等に私たちの注意を向けるからだ。社会基盤に変革をもたらさない「ジェンダー平等」がゴールである限り、「性別を問うこと」は忌避される。つまり、「身体のつくりは違っていても」女性と男性は平等なのだから、そういう平等社会において、「違い」を言い出すことは良くないことになる。女とか男とか取り立てて言うのはやめましょう、これが私たちが日常生活のなかで出合う「男女平等」の言説である。そして、これが私たちの「二重意識」への介入を阻み、批判意識の発達を阻んでいるものの正体なのである。

3 「男とか女とかことさら取り立てない」という学校文化

学校は「男とか女とかことさら取り立てない」ことが美徳とされる不思議な場所である。「性別に関わりなく」教育がおこなわれるべき場所であるし、「性別に関わりなく」社会の形成者となる者を育成する機関であるからだ。この美徳の実践者は、第一に学校の教師である。教師たちは、あたかも、性に印づけられていないかのような中立的な人間として教壇に立っている。教室に「性」は存在しない。専門的な知識と資格を持って教師は教育行為をおこなっている。女性であることによって被る差別や抑圧を問題にしたり、あるいは抑圧されたり、また特定の役割（女性役割）を担ってきたことから生み出される知識に意義を見出すことは、持っているはずの専門性を損なうことに結びつく。したがって教壇に立つ教師たちは、まるで性別など関係ないかのように、まるで性から超越した存在であるかのようにふるまう。このようにして、美徳としての「男とか女とかことさら取り立てない」文化を生み出している。

職場としての学校は、特に今般の男女雇用機会均等法の観点から言えば、育児休業・産前産後休暇などの制度が早くから整備されており、学校の男女平等規範とも相まって男女平等の体裁を与えられている。しかし、このことは職場としての学校が性差別から解放されていることを意味しない。むしろ問わないからこそ、「性差別」はそこにあるのにますます見えないものとなる。

美徳としての「男とか女とかことさら取り立てない文化」は、何も性差別によって得する集団によって押しつけられるものではない。差別されている集団もその美徳を一生懸命に実践するのである。このことは『教師の声を聴く――教職のジェンダー研究からフェミニズム教育学へ』のなかで詳しく示されている。[21] 日本の教育学者によって編まれた同書で、浅井幸子たち編著者らは、「男とか女とかことさら取り立てない文化」を「脱性別化」と呼び、「脱性別化」は「女性教師の男性化として進行」すると明記している。[22]

浅井たちは同書で、「学校は男女の平等が規範化され相対的に保証された場であるが、他方ではセクシズムによってジェンダーを再生産する装置として機能している」と述べる。

そして「平等規範に内包されたセクシズム」を析出《せきしゅつ》するために、女性教師と男性教師にインタビューをおこない、「学年配置の装置が生み出すジェンダー差別と、管理職への昇進の制度や文化に内在するジェンダー差別の可視化」をし、また、女性教師の数が増加するなか女性をめぐる言説がどのように変化したかを描いている。その内容はまさに、「男とか女とかことさら取り立てない文化」が、歴史的に、また現場の教師の仕事上で作用していること、そして、その結果ますます「性差別」を、そこにあるものなのに見えないものとしていくことを示している。

では、現場の教師の仕事において、「男とか女とかことさら取り立てない文化」はどのように作用するのか。浅井たちは、小学校という特に女性化の進んだ教育現場で、現場教師たちにキャリア形成に関する聞き取りをおこなっている。小学校では女性教師たちが低学年教育に配

21 浅井幸子、黒田友紀、杉山二季、玉城久美子、柴田万里子、望月一枝編著『教師の声を聴く——教職のジェンダー研究からフェミニズム教育学へ』学文社、2016年。

22 同前、12頁。

置される傾向にあるが、何度も低学年を担当する女性教師がおこなう低学年教育に対する意味づけと、男性教師によるそれは異なることを浅井たちは描き出す。例えば、低学年では、経験豊富な女性教師の助言を仰いだり、計画や指導のやり方など事細かに打ち合わせたりする傾向があることに対して、男性教師たちは「足並みを揃えなければならない」、「個々の教師の創造的な実践を妨げ、授業の質を低く抑制する方向で機能する」と捉えている。[23] その一方で女性教師たちは、「一緒にやる」ことに積極的な意味を見出している。これらを浅井たちは「弱さを補い合う」とか、「責任の分有」、「傷つきやすさを避けるモデル」と意味づけている。[24] また、親からの介入が教師によって否定的に語られる傾向にあるなか、女性教師たちは、「共感し理解する者、ともに子どもを育てる者」として、保護者、実質的には母親たちをみなしている。

しかし、こうした意味づけをおこなっているのは、話を聞きそれを分析する浅井たち研究者だ。実際、浅井たちはこのように述べている。

「教師の声」を聞くということは、教師の語りに従来は沈黙させられていた価値や観点を聞きとること、その語りに真正性を認め、公的な空間において位置づけることである。また、「女性教師の声」を聞くということは、女性教師の語りに女性的とされる経験や価値を見出すこと、具体的にはフェミニズムが「ケア」や「母的」という概念において洗練させた経験や価値と結びつけることによって、教育研究や教育政策を貫く男性中心主義を批判的に検討することである。[25]

こうした批判的な検討が教育研究分野においてその意義を確立し、その後、現場に還元されるまでにどのくらいの時を必要とするのだろうか。教育現場には「男とか女とかことさら取り立てない」という美徳が規範として働いているため、現場の女性教師たちが、低学年教育に対して（研究者から見て）異なる意味づけを与えうる実践をおこなっていたとしても、それに対して、規範を変えるような意味づけをすることを無意識に禁止する。実際、意味づけをしたとしたら、「女性だから」とか「女性なのに」とか「女性らしさ」から派生するラベルの貼りつけにつながるだろう。そして即座にその意義を抜き取られるような仕組みが働く。秩序を変えうるいかなる意味づけに対しても、学校現場では否定的な受け止めがなされる、だから、実践はつねに「脱性別化」されていなければならないのである。「女性教師」ということに積極的

23 同前、187頁。
24 同前、204頁。
25 同前、187頁。

な意味づけがされれば、即座に「女」の印づけがされて、貶められる。既存のジェンダー秩序のなかで「女らしさ」のラベルを貼ることは、ある実践や感情のあり方、言動に、「女」という印をつけ、貶め、軽く見て、その意義を打ち消すという否定的な意味を持つ。

実際のところ、「女性らしさ」のラベルの貼りつけは、女性教師たちが最も避けたいものの一つかもしれない。女性だからと言われないために一生懸命に働いているのだから、自らの実践に「女」のラベルを貼りたくないのも当然である。

しかし、学校のなかでも、確実に「性」はさまざまな行為の判断基準となっている。女性たちが低学年教育に配置される傾向にあることは疑いなくその一つである。浅井たちによれば、女性教師の間に低学年型と高学年型のキャリア形成があるとされるが、高学年型を担う女性は「動ける教師」であり、シングル女性など家庭責任が少ない女性が担うことが多いとされる。学校が「男並みに」働ける女性であることを求めているのが、暗黙に示されている。また、男性が高学年に配置されるのは、「男性性への期待」があることも指摘されている。[26]男性的なふるまいや男性役割、すなわち子どもの荒れを管理的に抑えたり、暴れる子どもを体力や腕力で抑えたりすること、迫力を発揮したりすることがこれらの男性教師たちに求められている。

理不尽で説明のつかない、暴力的な抑え込みや従属することへの命令などを経験して、逆にこうした男性教師の男性的なふるまいを「厳しさ」として評価し、賛意を示すような言説を内面化する若者たちがいる。支配する者―したがう者の関係性への期待が、小学校から子どもたちに伝えられているのだとも言える。だから、「厳しくない」教師たち、支配する者―したがう者の関係性に基づく学校の文法を子どもたちに叩き込まない教師たちを、つまりは、浅井たちが議論する「母的」「ケア」を実践する人間存在を、子どもたち自身が劣る者として位置づけることになるのではないのか。

荒れへの対応とは別に、高学年には、就寝や入浴時に男女別行動となる宿泊行事があり、男性教師による男子の管理が期待されているという。[27] これらの実践もまた、女子を性的存在としてラベルづけていると読むのは行き過ぎだろうか。これらのジェンダー化された実践から、小学生のうちから明言されなくとも、学校は女子に女であり性的存在であることのラベルづけをおこなう場所であることが見えてくる。

教師の学年配置を「セクシズムによってジェンダーを再生産する装置」と浅井たちが名づけるように、特定の配置がおこなわれるその実践を説明する言説は高度にジェンダー化されてい

26 同前、49頁。
27 同前、51頁。

る。[28] ジェンダー化されているということは、序列を生んでいることと同義である。「産休明けの先生は低学年という慣習」であるとか、[29] いまや小学校だけでなく日本の学校全体の問題としてみなされるようになった教師の多忙な働き方への配慮は、主に家庭責任を担う女性教師に向けられていることであるとか、「お母さん先生」が勤務時間が短いことで周辺的地位に置かれ、そのことで「お母さん先生」たちが「申し訳ない」という思いを抱えるのは、[30] 学校がまさに「ジェンダーを生産し再生産する装置」であることを示している。にもかかわらず、「男とか女とかことさら取り立てない」ことが美徳であることから、「ジェンダー差別の再生産装置」としての学校の地位は不問に付せられるのだ。

浅井たちは、「教職の脱性別化の過程1950年代から1970年代」を議論するなかで、歴史上「男とか女とかことさら取り立てない」ことが、どのように学校文化に位置づいていったのかを明らかにしている。50年代から60年代前半は、女性教師たちは補助的な役割を担うという女性教師イメージからの脱却を目指しながら、女性性の発揮については肯定的に捉えていたという。浅井たちは、品角小文《しなかどおぶみ》たち4人の女性教師が執筆した『女教師』(三一書房、1958年)という書籍から、彼女たちが、「母性的な愛情と繊細な思いやり」などの「女性の特性」の発揮について積極的に称揚しており、この特性を生かすことの教育的な意義を論じていると分析する。しかし「教職の脱性別化の過程」において、1960年代には「愛情」「母性」

についてあまり言及されなくなることが示される。浅井たちは、「母性の意義を語ることに対する女性教師の躊躇《ちゅうちょ》」が見られるようになる点を指摘し[31]、女性教師たちが自ら「脱性別化」の過程に関与していくことを論じる。例えば、中学校教師の駒野陽子によって1976年に発表された『女教師だけを責めないで！』（読売新聞社）を取り上げ、「女」であるよりも「個人」であり「教師」であるという生き方を主張していると、浅井たちは分析する。1970年代の「女教師問題」の議論が女性教師に対するバッシングの側面を持っていたこともあり、ますます「女であることをことさら取り立てること」なく、「当たり前の一人の教師」としてあることを、女性教師自身が求めたと浅井たちは論じている[32]。「女性教師バッシングへの対応において主流となったのは、労働条件が改善されれば女性教師が忌避されることはなくなるだろう、女性も男性と同等に十全たる教師として働くことができるだろうという論理だった」のである[33]。

28 同前、5頁。
29 同前、51頁。
30 同前、53頁。
31 同前、312頁。
32 同前、315頁。
33 同前、320頁。

4 フェミニズムの意識を持つ教師

確かに、「男とか女とかことさら取り立てない」ことが規範となって、その規範が強く働く職場として学校は構築されていった。女性の教師たちは「脱性別化」された「当たり前の一人の教師」であると信じて、あるいはそうでなければならないと自らに規制をかけ、子どもたちの前に立ち、そのように子どもたちに働きかけている。女性教師たちは性を超越した存在として、子どもたちの前に立っていなければならないのである。ことさら取り立てないということは、すなわち「既存の支配—被支配関係」に対して、変化を求めてはならないということを意味する。まさに、こうした「ことさら取り立てない」ことを美徳とする学校文化が、教師にも子どもにも浸透し、「二重意識」を支えている。「脱性別化」とは性差別を維持するシステムの一環なのである。

ここでキャスリーン・ウィーラーの研究に戻ろう。ウィーラーがインタビューする女性教師たちは、若かった頃に、大学のキャンパスや職場でさまざまな政治・社会運動を経験している。それは、ベトナム戦争、公民権運動、女性解放運動などの社会運動である。彼女たちは、それぞれフェミニズムというラベルを受け入れたりそれに対して距離をとったりしつつも、どの人も自らの見方や考え方に、そして教師としての実践に、フェミニズムの影響があることを受け入れている。[34] そのうえで女性の人生や経験の価値を認め、自分自身の人生や個人的な関係性をフェミニズムの言葉で新たに評価し直して、女性として自分が何をやってきたかを意識化した。例えば、父親の反対によって進学先を変えたり、将来の夫のことを考えて特定のキャリアを選んだり、夫のことを優先したりと、男性中心主義社会の規範が彼女たちの人生の岐路における選択に大きな影響を及ぼしてきたのは事実である。だが、彼女たちはこれらの経験を批判的に分析し、生徒たちが性差別主義を認識したり、またそれらに異議を申し立てたりできるように教育活動をおこなっていることを認めている。たとえ彼女たちが自分のことをフェミニストと呼ばなくても、である。

フェミニズムの意識を持つこれらの女性教師たちは、そのフェミニズムがどのようなものであれ、自らの女性としての経験や女性として持たされてきた個人的な関係性を新たに評価し直すことをためらわない。そして女性として何を引き受けさせられてきたか、女性としてどのよ

34 Weiler. *op. cit.*, p. 95.

うな人生経験を被ってきたのかという意識を持って教育活動にあたっている。彼女たちは「女であることを取り立てている」のである。つまり、既存の性差別のある制度を看過しないのである。

だがその一方で、こうした彼女たちによる活動が、先述した「ポストフェミニズム・メディア・パニック」を生み出していることも指摘しておかねばならない。フェミニズムは十分に成功したのだから、そして、それにより今度は男の子が不利益を被っているのだから、あなたたちは黙っていなさい、フェミニズムは終わりにしなさい、という呼びかけがなされているのが英語圏での状況である。ポストフェミニズムの状況で「女であることをことさら取り立てる」ことをめぐり相反する状況――社会のなかで女性がより存在感を高めていると同時に、それとは矛盾するようなフェミニズムに対する応答（その応答は、フェミニズムの成果を認めなかったり、簒奪したり、否定したり、冷笑したりするようなもの）がなされていること――については、第2章で取り上げた。そして若者の間ではフェミニズムが忌避され、同時に、性的な差異を際立たせ、それらに投資することが推奨されている。

翻って日本では、「ことさら取り立てない」学校文化が駆動し、教師たちがフェミニズムを肯定的に受け入れてフェミニズムの意識を持つことを妨げている。唐突かもしれないが、教員養成段階から「ことさら取り立てない」ことで、既存の支配―被支配関係を維持していると言ってもいい。教員養成段階は、学生たちが自らの内面に働きかけ、つねに自己検閲、自己規制をおこなう仕掛けに満ちている。それにより、既存のシステムつまり男性中心主義で性差別主義の抑圧のみならず、あらゆる種類の支配のイデオロギーに異議申し立てをしない人材を養成するのである。もっと言えば、「男女平等」を規範として掲げる学校生活そのものから、それは始まっている。「差別は存在しない」という見かけこそが、学校でおこなわれることを疑問視しない態度を養っていくのだ。

確かに日本の教育研究において、ジェンダーに注目する研究はおこなわれてきたし、それらはさまざまなこと――例えば、女性教師の雇用の問題・働き方の問題、女性教師が引き受けている家庭での役割とセカンドシフトの問題に目を向けることを可能にした。あるいは、学校における性の問題や性教育の問題、学校教員における男女の占める割合の不均衡について目を向けることを可能にした。教科書のなかで表象される性役割のステレオタイプや、カリキュラムのなかに示される性別に基づく偏見なども明らかにした。

だがフェミニズムの意識を持つことは困難なままだ。「女」のラベル貼りが忌避されることはすでに指摘したが、「フェミニズム」はよりいっそう忌避されるべきラベルとみなされている。なぜなら既存の秩序に真っ向から対抗するものであるからだ。フェミニズムの批判意識が性に基づく差別的抑圧的制度やイデオロギーに働きかけるものだとすれば、「フェミニズム」

に対して、どうしても「女」という印づけがされてしまうことこそが問題なのかもしれない。

5 女子生徒たちの「抵抗」とポストフェミニズムとのつながり

学校教育の日常のなかに、性差別的抑圧的制度やイデオロギーに対する抵抗を見出したのは70年代後半の英米の教育研究だ。「新しい教育社会学研究」として説明されるこれらの教育研究は、若者たちが教室に性的存在としての自分を積極的に持ち込むことを抵抗の実践のあらわれと見た。このような研究は、それ以前に主流だった教育研究における不平等の再生産理論に対抗するものである。

不平等の再生産理論自体は、女性役割を心理学的観点から捉える考え方への批判から生まれたものである。女性はそもそも生来的に攻撃性などを持っていないとする心理学的解釈では、女性にはそうした心理的特徴があるからこそ、主にサポート、ケア、家事労働的な役割を担うのだと説明する。一方、不平等の再生産理論では、資本主義経済自体がその成立のために無償労働を必要としていることを、心理学的な解釈は認識し損ねていると捉える。だから、再生産理論にしたがえば、家庭のなかで労働者の身体をケアしたり、次世代の労働者を産み育てたりするといった無償労働を引き受ける女性の存在を、資本主義経済はそのシステム存立の条件としてあらかじめ組み込んだと言える。さらに、そのような資本主義経済システムのもとで、実際に有給の労働をおこなっている女性も多くいるが（特に階層の低い人々や白人ではない人々）、そうした仕事の多くは賃金が低く、昇給昇進のない行き止まり仕事であることも、心理学的な解釈は理解していないと再生産理論は論じる。低賃金の行き止まり仕事を女性たちが担っているという現実を目の前にして、労働者階級の女性たちや、非白人の女性たちは、自らの仕事や自分の存在自体を、たいしたことがないものと見るようになる、と再生産理論は論じる。

「新しい教育社会学研究」と名づけられた一連の教育社会学研究は、このようなシステムの犠牲としての女性教師や女子生徒の描き方に挑戦した。はたして彼女たちは性差別主義的な制度やイデオロギーを抵抗なく受け入れる受け身の人間なのか、自ら主体的にふるまうことはできないのか、彼女たちにはエイジェンシー（主体的に行為する能力）はないのか。確かに女性教師や女子生徒たちは学校に埋め込まれた性差別的実践を受け入れたり、取り入れたりしているかもしれないが、その一方で、彼女たちは性差別的実践に抵抗しているかもしれない。こうした前提のもとで、「新しい教育社会学研究」は、学校が不平等と性差別の再生産装置であると同時に、どのような可能性を持っているのかを考察する必要を論じた。

「新しい教育社会学研究」におけるフェミニズム志向を持つ「生産理論」の研究では、資本主義と家父長制の二重の抑圧を経験する労働者階級の女子生徒たちによる、学校権威や中流階級の定義する女性性への対抗的実践に、女子生徒たちの主体性やエイジェンシーを見出している。エイジェンシーとは、自分の人生や周囲の環境を作り出すために、意図的に行動したり選択したりする力を意味する。その力は、自らの価値観、目標、選好に基づいて、選択し、行為し、結果に影響を及ぼしうることを指す。自律性や自己決定やエンパワーメントと密接に関わる概念でもある。エイジェンシーがあるということは、外側の力や環境を受動的に甘んじて受け取る者ではなくて、改革に着手できる能動的な行為主体であることを意味する。

マクロビーは女性性を積極的に肯定する労働者階級の女子生徒たちの文化的実践を、教室のなかでの「抵抗」とみなした。[35] マクロビーによる1978年に出版された研究「労働者階級の女子と女性性の文化（Working class girls and the culture of femininity）」は、女子生徒たちが自らの成熟した身体を教室のなかに積極的に持ち込み、教師がそのような女子生徒たちの成熟したセクシュアリティに気づくほかない状況に追い込んでいる様子を分析した。マクロビーは、女子生徒たちのセクシュアリティの実践と学校文化への抵抗を、彼女たちのエイジェンシーを示すものとして解釈したと言える。日本でも宮崎あゆみが、女子高生たちが自己のセクシュアリティを積極的に肯定しながら、学校文化に抵抗するサブカルチャーを生み出していることを指摘した[36]。

ウィーラーの女性教師研究も、フェミニズム志向の「生産理論」の系譜のなかに位置づく[37]。女性教師たちがフェミニズムの意識を持って、男性中心のヘゲモニー（覇権主義）や、権力や抑圧を問題視する教育実践をおこなう教室で、教師や子どもたちのエイジェンシーがどのように交流し合うのかについて複雑な様子を描いている。教室は単なる構造の再生産の場ではない。異なる人種的・経済的・ジェンダー的背景を持つ個々の参加者が、その都度、葛藤や権力や抑圧を経験しながらもそれらに向き合い、抵抗し、受け入れながら、それぞれ意味を生み出していく場所であるとウィーラーは論じる。これが「生産理論」と言われる所以《ゆえん》である。参加者のエイジェンシーの働きや、関係性の変容の可能性をウィーラーは見ているのである。

しかし、日本の教育研究ですでに述べたとおり、女子生徒たちや教師の実践にこうした「抵抗」を見出しているのは、その現象を分析する研究者たちである。女性教師であれ教室に性的

35 McRobbie, A. (1978). Working class girls and the culture of femininity. In Centre for Contemporary Cultural Studies Women's Group. (Ed.), *Women take issue: Aspects of women's subordination* (pp. 96–108). Hutchinson.

36 宮崎あゆみ「ジェンダー・サブカルチャーのダイナミクス」木村涼子編『リーディングス 日本の教育と社会 16 ジェンダーと教育』日本図書センター、2009年、122–140頁。

37 Weiler. *op. cit.*

身体を持ち込む女子生徒たちであれ、その行為者自身が、男性中心主義的で性差別的なイデオロギーが押しつけてくるものとは異なる意味づけをしているのだという意識を持っているわけではない。日々の彼女たちの生き方を、研究者たちが「抵抗」と名づけているにすぎないのである。確かに、そこに彼女たちのエイジェンシーが見出されるのかもしれないが、それは、結果的に既存の秩序を変革しなかった。彼女たちは、社会の求める女性性を受け入れ、支配―被支配の関係性を再生産しているのである。

のちに、マクロビーは女子生徒の実践のなかに抵抗を積極的に見出した研究成果を、楽観的であったと振り返っている。[38] 実際、こうした女性たちのあり方は、自らの性的あり方への積極的投資というポストフェミニズム的実践へとつながっていったのである。現状を危惧する研究者たちの、社会の変革を見たいという希望は、独りよがりのものなのだろうか。あるいは、私たちは教育を通じて、ポストフェミニズムの罠に陥ることなく、性差別主義の抑圧をなくすことができるのだろうか。ポストフェミニズムの言葉でもなく、リベラル・フェミニズムの言葉でもなく、別の言葉で、私たちのあり方を想像・創造することはできるのだろうか。教育にはいかなる力があるのだろうか。

教える側と学ぶ側がどれだけ批判の意識を働かせることができるのか。むしろ問われているのは、既存の言葉でできあがっている彼女たちの解釈や意味づけや実践を、どれだけ解きほぐすことができるのか、ということではないか。変革の実践はペダゴジーのレベルでおこなわれなければならないのである。「二重意識」への取り組みは、どのような意識のもと、またどのような環境のもとで可能となるのか、次章ではそれを探っていきたい。

38 McRobbie, A. (2009). *The aftermath of feminism: Gender, culture, and social change*. Sage, p. 3.

第5章 困難な「セーフ・スペース」づくり

ポストフェミニズムの言葉でもなく、リベラル・フェミニズムの言葉でもなく、別の言葉で自己のあり方を想像・創造するために必要なのは「意識化」であり、意識化を可能にする環境である。「二重意識」とは、抑圧されている者たちが、支配的な権力の言葉を「服従化させる声」として内面化し、その自己のうちにその言葉を繰り返す意識のことである。「二重意識」によって、その人をしたがわせる権力がその人を支配するのと同様に、自分自身を支配するようになる。

20世紀に入って、さまざまな学校教育批判の試みがおこなわれた。その試みには、「二重意識」という言葉を使ってはいないものの、人々が支配の言葉を内面化している状態を指摘し、教育の力による「二重意識」からの解放を企図したものがある。抑圧された者の意識に着目して、識字教育を通じて意識の変革を導き、実践したブラジルの教育者パウロ・フレイレによる批判的教育学、そしてフレイレから学び、教育を自由の実践とみなして、自らの教育活動において自由の実践をおこなってきたアメリカのフェミニズム批評家ベル・フックスによる関係性の教育学などがそうである。本稿も、この二人のアイデアに多くを負っている。フレイレやベル・フックスは、教育を「変革の実践」「自由の実践」とみなしていた。

すでにさまざまな資源が特定のグループの人々に偏在している世界で、その世界を説明し解釈する言葉も、そして、そのなかに位置づけられる私たち自身を説明し解釈する言葉も、既存の支配関係を基盤に置く価値体系によってできあがっている。そのような世界に私たちは生まれる。その世界にはすでに意味づけられた諸々の特性(例えばジェンダー、セクシュアリティ、人種、エスニシティなど)があり、この世界に生きていく間に、人はその特性を自らのうちに特定し、また他者から特定される。そうした特性に基づいて人は自らを世界のなかに位置づけ、また位置づけられていくのである。そして人は生を得た社会のなかで、すでにあるカテゴリーに分類されるが、それは他者とのやりとりを通しておこなわれる。人間同士の伝達や影響を広い意味での教育と捉えるならば、私たちは、「教育」を通して、「二重意識」を自らのうちに備えつけるのである。

広い意味での教育が人を形作るのならば、私たちの解釈や意味づけや実践がどれだけ既存の言葉でできあがっているかという理解に導くのも、それらの言葉から私たちを解き放つ手助けをするのも「教育」に他ならない。つまり私たちは、ペダゴジー(教育実践)のレベルで変革を実践しなければならないから、フレイレもベル・フックスも、教育を「変革の実践」「自由の実践」とみなし、自らもその実践に深く関与したのである。

だが、変革の実践、自由の実践は容易ではない。第一に、「二重意識」は習慣化されて私たちの身体や無意識のふるまいにまで行き渡っているから、変革の実践、自由の実践としての教育は習慣の変化にまで及ぶ必要がある。第二に、男性中心的な性差別規範によって成り立つ社会構造のなかで、「二重意識」の動きに意識をめぐらせながら「二重意識」からの解放に取り組む安全な環境（セーフ・スペース）を確保することは困難である。一見、安全に見えてもそうではない環境、安全だと信じ込ませるような環境に私たちは取り囲まれている。そのような環境では、自分にとって真実だと思われる言葉を生み出すことは不可能に近い。

本書のゴールは、「二重意識」への取り組みが可能な環境——セーフ・スペース——とはどのようなものか、そして、そこでは何が起こるのか考察すること、そして、その考察の過程で新たなフェミニズム教育を想像してみることである。そのためには、いったい何がセーフ・スペースの確保を困難にしているのか洗い出してみる必要がある。

本章では、まず、教育を変革の実践としてみなすパウロ・フレイレの批判的教育学において、中核となる概念、「意識化」を理解する。そして、「意識化」を阻む「習慣」の力について議論を進めていく。その際、「習慣」を社会変化に求められる主題としてきたプラグマティズムの思想を参考にしたい。私たちの言動やふるまいや感じ方を規定して、習慣づける社会的な力の影響を意識し、理解し、批判し、そして新たな習慣形成に取り組める環境、セーフ・スペースについて議論するが、そうした環境の準備がどれだけ困難なことかについても併せて考えていきたい。

1 意識化

パウロ・フレイレは、1921年にブラジル東北部にあるペルナンブコ州レシーフェ市に生まれた。[1]レシーフェはかつてのブラジルの首都であり、最も古いポルトガルの植民地であった。砂糖プランテーションが盛んだった時代、その労働力として多くの奴隷がアフリカから輸入され、レシーフェはその奴隷たちの貿易受け入れ港でもあった。1888年に奴隷制は廃止されたが、奴隷制が根づいた社会の不平等構造は容易には変わらなかった。ヨーロッパからの移住者たちによる政治・経済支配体制が確立され、混血、先住民、黒人たちは、社会の巨大な不平等体制のなか、絶対的な困窮、文盲、抑圧の状況に置かれていた。フレイレは人生の最初に貧困や飢餓を身近なものとして経験したのである。

このような社会的な抑圧状態を可能にしている要因は、教育にあるとフレイレは考えた。人

1 里見実『パウロ・フレイレ「被抑圧者の教育学」を読む』太郎次郎社エディタス、2010年。

間を愚民化し非人間化して、抑圧状態から抜け出せないようにする教育方法を、フレイレは、「預金型教育」と名づけている。[2]預金型教育は、語りかける教師と耳を傾ける生徒という構図から成り立っており、「知」は教師によって選択され所有され、教師は貯金箱としての生徒の頭に、その「知」を機械的に移し入れる。預金型教育では、良い教師とはその貯金箱をできるだけ能率的に満たしてやれる者を意味し、また良い生徒とは従順に満たされることを受け入れる者を指す。その「知」は、純粋に道具的なものであって、学ぶ者に生きる意味を与えるものでも、自分という存在に統合されて生きるための力を与えるものでもない。なぜなら預金型教育では、いわゆる「学習」の成果は試験の場で測定されるのであり、それが唯一の「知」の活用方法でしかないからだ。預金型教育は、本当の意味での「知る」という営みを被教育者の側に求めないのである。

では、「知る」とはフレイレにとってはどういうことなのか。ここに「意識化」が関わってくる。フレイレはブラジルで識字教育運動を先導した。識字教育とは、一般には文字を知らない成人に読み書きを教えることを言うが、フレイレのもくろみはその先にあった。「文字を獲得することがいったいどんな意味を持つのか」を根源的に問うたのである。

文字を書くことは、そこに反省的思考を働かせ、自らの抑圧状況と向き合い、問うことを可能にするとフレイレは考えた。識字教育運動を通して、現実から距離をとり、現実と関わり、現実を変えていくことのできる「主体の創出」をフレイレは目指したのである。

フレイレによれば、預金型教育においては、人間は世界を「意識する」存在ではない。ただ世界のなかにあって、世界を傍観しているだけの存在である。そういう人間は受動的な存在でしかない。精神は空っぽで、外側にある情報を頭のなかに預け入れられるのを待っているにすぎない。そのため預金型教育は人間をさらに受動的にし、既存の世界に人を適合させようとする。この場合の教育された人間とは既存の世界に適合した人間であり、既存の不公正な世界を自明のものとして受け入れる人間であり、「考えること」を奪い去られた人間である。預金型教育によって飼い慣らされた人間は、世界について「意識」しないだけでなく、世界について「意識」しないようにさせられているのである。

「識字」は、自分を特定の状況に位置づけている世界や自分が生きる状況を、「言葉」として捉えることを意味する。フレイレが進めた識字教育では、人々は切り取られた具体的なありのままの自らの日常生活の風景を見て、そこに見るもの（あるいは見えないもの）を言葉にしていく。[3] 特定の風景のなかで、この女性はどんなことを思っているのだろうか。なぜ女だけが

2 パウロ・フレイレ『新訳 被抑圧者の教育学』（三砂ちづる訳）亜紀書房、2011年。
3 里見実、前掲書、148-183頁。

子どもを世話しているのだろうか。男たちはどこにいるのか。なぜ生活は苦しいのか、この状況を変えるために何かできることはないのか。

現実を言葉にしていく過程のなかで、人々は現実の状況に反省性を働かせることになる。これが「意識化」である。意識化することは、自分が生きる現実から距離をとって眺めることである。疑問や驚きを持って、あらためて世界が個人に提示される。意識化は、現実を批判的に見るということの実践となる。

このような意識化の実践は対話を通しておこなわれる。対話とは、世界を媒介にして、言葉で世界を捉えるための人と人との出会いの場であり、対話は自分自身を変容させていくことにもつながる。このような対話の場では、人は空っぽの容器としてあるのではない。人は世界について理解し、そのなかに生きる自分自身を理解することを促される。そしてその理解のうえで、新たな行動へと導かれていく。

対話によって新たに思考が展開し、世界についての新たな知覚が生じることで、行動もまた変化せざるをえない。どのような行動をするかは、どのように世界を知覚しているか（どのような言葉で世界を捉えているか）と深く関わる。新たな理解を得た自己は、もはやこれまでと同じではいられないのだ。意識化を実践する人間は、すでにある世界を受動的に受け取る存在ではなく、世界とともにあり世界とともに変容していく存在だと言える。

「意識化」は簡単なように聞こえるが容易ではない。なぜなら思考も行動も「習慣」となってしまっているからだ。日常を当たり前のものとして受け入れるあり方も、消費主義に流される生き方も、自分のせいだと自己卑下する考え方も、仕方がないとあきらめるあり方も、すべて「習慣化」されている。意識せずとも人はそのように感じ、ふるまってしまうのである。フレイレは「意識化」という言葉を使うが、これは意識だけの問題ではない。このあり方が身体化されてしまっているところに「意識化」の大きな障壁がある。抑圧的な言葉で自身を判じるあり方は、「習慣」となってしまっているため、これを変えるには別の習慣を生み出していかなくてはならないのである。

2 「習慣」の力

「習慣」の力が身体化されてしまうその有様は、例えば、女性が身に着けることを求められてきたコルセットや、クリノリンというスカートを膨らませる下着にも示される。[4] 約6キロも

4 Lewis, H. (2021). *Difficult women: A history of feminism in 11 fights*. Vintage, pp. 103–104.

ある女性の下着が、実際に中・上流階級の女たちにもたらしてきたものは、制限された生き方である。女性に求められた服装は、それをもって、女性たちを自ら動く存在ではなく、眺められる存在とした。これらの下着を着けることを求められてきた女性たちは、そもそも汗をかいて動くことを求められていない。米国では女性がズボンをはくことを禁じる州もあったが、第一波フェミニズム運動に伴い、重くて動きづらいスカートと下着からの解放が次第に勢いを増していった。

スカートからの解放についてのストーリーは唐突に聞こえるかもしれないが、ここで示したいのは習慣の力である。自由の実践や抑圧からの解放は意識だけで可能になるのではない。身体化された習慣から別の習慣に変わらなければならない。実は、動きを抑制する重いスカートからの解放は、「スカートから解放されよう！」というフェミニズム解放運動による直接的な働きかけによる意識の変容ではなく、新たな習慣が生み出されることで勢いを得た。その習慣とは自転車である。女性の投票権を求めた第一波フェミニズム運動の主導者であるスーザン・B・アンソニー（Susan B. Anthony）は、「女性が自転車に乗っているのを見るたびに、私は立ち上がって喜ぶのです。その様子は女性たちに自由と自立の感覚をもたらすのです」と述べるが、[5] まさにその自由と自立の感覚は、新たな習慣によって生み出されたものだと言える。

習慣と私たちの意識変容、そして社会変容の関係を、米国のプラグマティズム哲学は説いてきた。19世紀末から20世紀初頭にかけて、アメリカで生まれたプラグマティズム哲学の創始に深く関わった哲学者であるウィリアム・ジェイムズ（William James）にとって、習慣にまつわる問題は、決定論の力から私たちは自由になることができるのかということであった。はたして、習慣づけられた人間のあり方や身体の習慣自体は改変できるのだろうか。習慣は、私たちの身体的な回路のなかに深く染み込んでいるし、その回路はすでにできあがっているから、思考を介することなく自動的に動いてしまう。左足から靴を履いてしまうのもすべて習慣の力だ。したがって、ジェイムズは、習慣とは社会階層を維持し安定させる弾み車（フライホイール）であり、抑圧的な社会構造を維持することに貢献していると結論づけるのである。[6] しかし逆に言えば、習慣が変われば社会も変わるということである。少なくともジェイムズはそう信じていた。もし習慣を改変することができれば、結果的にそれは人々や社会のあり方を変える方向に導くことになるから、習慣的でないやり方を知覚する能力を持っていることが私たちを自由にするカギだとジェイムズは考えた。[7] それができた時、私たちを不自由にする習慣ではな

5 Susan B. Anthony quoted in Lewis. *op. cit.* p. 104.
6 James, W. (1981). *The principles of psychology vol. 1*. Harvard University Press, p. 125. (Original work published 1890)
7 James, W. (1981). *The principles of psychology vol. 2*. Harvard University Press, p. 754. (Original work published 1890)

く、私たちを生き生きさせる習慣を持つことになる。

従順で自滅的な習慣を長い間固守してきた人々でさえも変わることができること、新たな習慣を取り入れることができることを、ノルウェーの女性たちを事例としてジェイムズは述べる。「どの地域の女性たちよりも、時代遅れの女性らしさ、『家庭の天使』『優しく洗練された影響』の信奉者であったノルウェーの女性たちが、(中略) 今やスノーシュー (筆者註：スキー) を履いて、しなやかで勇敢な生き物へと訓練され、(中略) あらゆる教育的社会的な改革を先導している」。そして「テニスや徒歩旅行やスケートのような習慣、また自転車の大流行が、この国 (筆者註：アメリカ) の私たちの親愛なる姉妹たちや娘たちの間にとても素早く広がっているから、より確かで力強い風格へと女性たちを導いていくのではないか、そして私たちアメリカ人全員に元気づける息を送り込むのではないかと信じずにはいられない[8]」。これはまさに身体の動きに関わる新たな習慣が、人のあり方全体を変えるのだというジェイムズの議論の核心を示している。スーザン・B・アンソニーが、ズボンをはいて自転車に乗り始めた女性たちに自由と自立の感覚を見たように、ジェイムズも、スキー、テニス、徒歩旅行、スケートが、そして自転車の大流行が、新たな身体的習慣を形成し、そのことこそが、女性たちに力強く、確かな気品をもたらすと考えた。

重要なのは、習慣が一度固定されたら永遠に変わらないわけではない、ということである。

プラグマティズム哲学による習慣についての議論の重要な点は、習慣は形成され、形成され直し続けるということであり、そのプロセス自体は身体とそれを取り囲む社会や自然環境との継続的な相互作用だということである。つまり、習慣は個人的なものでも、個人の行動の限られた範囲を示すものでもない。個人という有機的な存在と、個人が存在する環境との間のつねに変化するやりとりのなかで生じるものなのである。だから習慣が変われば社会・自然環境も変化することを意味する。社会・自然環境が変われば、つまりは自転車を乗り回すことを可能にするような環境があれば、全体としての個人の構成も変化し、スーザン・B・アンソニーが見たように、自由・自立の感覚が生まれるのである。

ジェイムズによれば、習慣の改変は二つの要素からなる。一つ目は、習慣の働きに意識を向けることである。人は習慣の効果を観察することができるとジェイムズは信じている。自由なエイジェント（主体的な行為能力を持つ存在）として私たちができることは、私たちがどのように制限されているのか、習慣によってどれだけ限定づけられているのかを理解することである。つまり、私たちは習慣的でないことを知覚する能力を働かせることができるのだ。二つ目

8 James, W. (1992). The gospel of relaxation. In Myers, G. E. (Ed.), *William James, Writings 1878–1899*. The Library of America, pp. 827–828. (Original work published 1899)

は、違うように行動することである。

ジェイムズの習慣に関する議論は、実際のところ身体的なものである。ジェイムズは、結婚当初、妻アリスへの手紙のなかで胸骨の下のリアルな痛みに言及している。「本当の自分」について妻に述べるジェイムズは、型にはまった習慣の世界は「本当の自分」とは調和しない世界だと述べる。むしろ習慣の世界のなかで、すべてが調和的に動いていくだろうという保証など投げ捨ててしまうことに情熱を感じていると伝えている。習慣とは異なるどんなことでもおこない、何が起こったとしてもそれを喜んで被る意志があることを、この手紙のなかでジェイムズは、胸骨の下の突き刺さる痛みとして表現した。[9] 同時に、その痛みは、言葉で表現できるものではないとも記している。ジェイムズにとってこの問題は、人の意志は自由なものなのかという問題と結びつく。

第二波フェミニズムの頃に、アメリカの中産階級の専業主婦が経験する漠然とした不安について書いたベティ・フリーダンにとっては、その痛みや不安は「名前のない問題」であった。そして、その不安は、習慣のために自分が本当の自分を生きていないと感じていることを意味するし、痛みを感じるのであれば、自分がそれを身体のなかに持っていることを意味する。たとえその痛みの原因が何なのかがはっきりと見えなくても、痛みを言葉にできなくとも、自分は本当の自分を生きていないこと、外側から決められた生き方をさせられていることを身体がその痛みを通じて発するのである。

この二つ目の「違うように行動すること」は非常に困難である。たとえ、ある習慣が良くないものだと頭ではわかっていても、それを変えるのが容易ではないことを、アメリカの哲学者で、ジェイムズのプラグマティズムを受け継ぎ、さらに推し進めたジョン・デューイ（John Dewey）も議論している。まっすぐ立つことについての困難を考察するデューイによる事例を引いてみよう。

個人に別々に働きかけても、認識的な理性に働きかけても、変化は起こりそうにはないことがここでは示される。姿勢に問題のある人に、「まっすぐ立ちなさい」と繰り返し言ってもどうしようもないことをデューイは指摘する。「きちんと立てない人は、そのような強い習慣を形成している。状況がそのように形成されているから、そうした状況が存在する限り悪い結果は起こるのだ」とデューイは述べている。[10] したがって、「まっすぐ立つ」という理想を言葉で

---

9 James, W. (1920). To Mrs. James. In James, H. (Ed.), *The letters of William James, vol. 1*. The Atlantic Monthly Press, pp. 199–200.

10 Dewey, J. (1983). Human nature and conduct. In Boydston, J. A. (Ed.), *The middle works 1899–1924, vol. 14:1922*. Southern Illinois University Press, p. 9. (Original work published 1922)

何度も伝えても仕方がない。

理性に働きかけても姿勢の問題を改善できないのと同様に、「差別は良くない」「差別はしてはならない」と人の理性に働きかけても、習慣となってしまった身体的で無意識的なふるまいや発言を変化させることは容易ではない。確かに「差別をしてはならない」と人々の理性に働きかけるのは重要である。しかし、意識に働きかける方策だけでは、差別という構造から特権を得ているマジョリティ側の無意識で身体化された習慣を変えることはできない。習慣は逆に、そうした試みに強く抵抗する可能性がある。

フェミニズム、批判人種理論とプラグマティズム哲学を通した哲学論考をおこなうシャノン・サリヴァン（Shannon Sullivan）は、「こうした習慣を『養っている』政治的、社会的、物理的、経済的、心理学的、美的などの環境を変えることに焦点を当てる方が生産的かもしれない」と指摘する。[11]

実際、習慣づけられたあり方は思考の変化を妨げる。以下はベル・フックスの挙げる事例だ。「白人が、それまで彼らが抱いていた人種的ステレオタイプに真っ向から挑むような黒人に出会ったとする。彼らは、これまでのステレオタイプの印象を手放すよりも、その黒人に特別枠を与え、『君は他の人とは違うよ』と言う。私の抱いていた黒人についての考えが偏狭すぎたようだと言うことは決してない。これは、自分たち自身についても言える。偏見とは、これほどまでに習慣になっているということである。私たちのものの見方を広げるよりも、私たちは実際には、習慣の力でこれまでの見方、考え方を守り弁護する方を選ぶのである[12]」

日常のなかで、私たちはこのような事例に、頻繁に出合っている。政治家が女性蔑視と言われるような発言をした時に、ソーシャルメディアや大衆メディアの槍玉に挙げられるため、彼らは公に謝罪行為をするが、その時の発言がさらに火に油を注ぐような結果になることはよくある。男性中心主義的な価値観やミソジニーに基礎づけられたふるまいや発言や感情の発露が、あまりにも強く習慣づけられているために、彼らの思考の変化を困難にして、さらに火に油を注ぐような発言を導くのではないか。また、セクシュアル・ハラスメントの訴えがあった時、訴えられた側からは、双方が合意しているとか、恋愛だと考えていたという見解が頻繁に示される。これも、社会の支配的価値観に基礎づけられた習慣に支えられた態度や気持ちである。

同じことは、特権を持たない者たちにも言える。ここまで議論してきたように、自分を卑下

11 Sullivan, S. (2006). *Revealing whiteness: The unconscious habits of racial privilege*. Indiana University Press, p. 9.
12 hooks, b. (2014). *Teaching to transgress today: Theory and practice in and outside the classroom*, 21:03–21:47. https://youtube.com/watch?v=m_9OgVs19UE

したり、こんなものだと考えたり、現状を受け入れたり、頑張ってもどうしようもないと思ったり、さらには二重意識を持つこともすべて自動化され、身体化されている。こうした自動的で身体化されてしまった反応を変えるように、意識に働きかけても、変化をもたらすことは難しい。思考は変化せず、また変化しない思考に支えられて社会も現状を維持するからである。

だからこそ、意識化を実践できる環境を準備しなければならないというプラグマティズムのアプローチが導かれる。プラグマティズムによる習慣の議論は、理性に働きかけるだけでは不十分なことを示す。そして自動化されて習慣化された行為に作用するような環境的な介入を支持するのである。

3　セーフ・スペース

フェミニスト・ペダゴジーや、フェミニスト・ペダゴジーに基づく教育実践では、学ぶ人たちの力を奪うのではなく、また一方的な知識の貯金行為に陥るのでもなく、学ぶ人たち自らが変革の主体となる教育を試みてきた。この教育実践は学びの環境を重要視する。伝統的な教室環境——教壇とそれに向き合う机の列——は、その環境の性質から支配—被支配の関係性を繰り返す。知識を持つ者と持たない者、発言する者と沈黙する者という関係性のなかで、フレイレが述べたように、被教育者は考えることを奪われ、主体になることを不可能にさせられている。環境に働きかけるという考えのもと、フレイレは「対話」を重視する教育実践をおこなった。フェミニスト・ペダゴジーも同様に、教育者と被教育者が同じ地平に立つ者とみなすよう環境を整えた。

セーフ・スペースは社会からの強制的な力に直面することなく、新たな習慣の回路を形成するためのさまざまな挑戦を可能にする環境である。この挑戦には、フレイレが言う「意識化」の実践も含まれる。社会からの力は、男性にさまざまな資源が偏在することを可能にしている男性中心的な価値観や、新自由主義的な価値観なども含んだ支配的なイデオロギーに基礎づけられており、環境のなかに埋め込まれたこの力は、場を共有する人々の交流のなかにも伝わって、自動的に習慣的行為を形成し、維持しようとする。だからセーフ・スペースとは、習慣を再生産するこうした社会的な圧力を取り除いて、新たなことに取り組めるように整えられた空間を言う。

ただしセーフ・スペースは、決して調和のとれた環境ではないことに留意したい。ベル・フックスは、教室がセーフ・スペースとして、同時に個々人の生きる文脈の違いを重んじる場所として機能することの重要性を指摘していた。[13] しかしベル・フックスが論じるセーフ・スペースは、スムーズに予定調和的に物事が進んでいく環境ではない。そもそも教育実践が政治的な中立性を保っていると思い込むのは間違っている。政治的に中立な教育実践や調和的な空間を提供することが学習者にとって良いと思い込んでいる教育者がいるとすれば、その教育者は男性中心主義やその他の抑圧の構造を手つかずのままに放置していることを意味する。ベル・フックスによれば、多くの教育者たちが安全とみなす空間と、抑圧からの自由を目指す教室に求められる安全との間には大きな違いがあるのだ。

では、安全（セーフ）とはいったい何を意味するのだろうか。教室が静かで、教育者が指名した時にのみ、学習者が応答するような空間が安全な空間なのだろうか。予定調和的に互いが互いに配慮している教室が安全なのだろうか。ベル・フックスは、教育者が中立的な空間を作ることは、むしろ有害な状況を作ることになり、そのなかには安全を感じていない学習者が多くいることを指摘している。事実、教育者にとって調和のとれた環境とは、権力がそこでどう作用しているのかを自覚していない環境であり、その環境は「かくれたカリキュラム」を温存することになる。

第3章でも触れたとおり「かくれたカリキュラム」とは、学校のなかで表立っては語られることはないが、暗黙の了解のもとに、意図的ではないにしろ教師から生徒へ伝達されるような規範、価値、信念の体系のことを言う。これは、社会的に望ましいとされている知識の再生産につながると言われる。明示的なカリキュラムや教科内容の面で性別による扱いの違いがなくても、学校独特の文化を通じて児童・生徒たちが知らないうちに身につけることを強いられるジェンダー規範（例えば、性によって異なる役割を担うべきだといった考え方、つまり性別役割分担意識）があることを「かくれたカリキュラム」の研究は明らかにした。

学校の機能の一つに社会化がある。これは、特定の社会の成員になるために、その社会に必要な特有の価値や規範を身につけることを意味する。特にジェンダーの社会化と言えば、男と女というカテゴリーによって分けられた社会的な価値観や規範を身につけることで、「ジェンダー」をめぐる価値や規範（例えば「性別役割分担意識」など）が「かくれたカリキュラム」を通じて子どもたちに伝達され身についていく。何度も議論しているが、社会ではジェンダーをめぐる価値や規範が、特定の属性を持つ誰かに有利に働くよう、さまざまな力や資源が振り分けられている。結果的に、その属性を持たない人たちが抑圧されたり、搾取されたりするのでなければいいが、現実はそうではない。教育学者の木村涼子は、「かくれたカリキュラム」

13 ベル・フックス『とびこえよ、その囲いを――自由の実践としてのフェミニズム教育』（里見実監訳）新水社、2006年、48頁。hooks, b. (1994). *Teaching to transgress: Education as the practice of freedom*. Routledge, p. 40.

として女と男は同じ存在ではありえないという「性差別（セクシズム）」を学校は伝えていると指摘した。[14]

さらに木村の指摘で重要なのは、これらのジェンダーをめぐる行動様式や価値、規範、意識の伝え手は、教師だけではなく子どもたち自身でもあるという点だ。ジェンダーをめぐるさまざまな価値や規範の内容を子どもたち自身が解釈し、具現化して、互いに対して性別に応じた対応をおこなう。つまり、子どもたち自身が「かくれたカリキュラム」の一つであるジェンダー規範や、ジェンダー秩序の伝達の担い手として、能動的な働きをしているのである。教室のなかでは安全性や中立性が保たれている、と言われる時、教育者だけでなく被教育者もが権力関係の伝え合いに能動的に参加しているという事実に、全く注意が払われていない。なぜなら、中立性とは権力のある側に有利に働くからだ。したがって、社会的マイノリティの側にとっては、さまざまな意味で中立性を保つ場所は安全だとは感じられない場所なのである。

この安全の欠如について、ベル・フックスは次のように指摘している。

教育のあり方について、とりわけ多様な学生がいる教室で、授業をおこなうときの教育のあり方について書いた文章の中で、わたしは、教員としての自分たちが思い描いてきた学びの場のありようを、もう一度再検討する必要があるのではないかと提言してきた。教室は「安全な場所」でなければならないというのが、多くの教授たちがわたしに向ける疑念である。だが、その「安全な場所」なるものが普通に意味しているのは、教師が物言わぬ学生たちを相手に講義し、学生たちは何かたずねられたときにだけ答えるといった、あのおなじみの授業風景なのである。批判的意識を目指して教育活動をおこなっている大学教師たちの体験をもってすれば、多くの学生たち、とくに非白人の学生たちは、一見中立的に見える教室の中で、自分が「安全」だとはまったく感じていない。学生たちの頑固な沈黙、授業にたいする積極的な関与の欠如は、実は「安全」感覚の不在が原因なのだ。[15]

つまり、沈黙または学生の不関与は調和の証拠として解釈されるべきではない。なぜなら実際学生たちは、安全だと感じていないからである。教育者が中立の立場をとりスムーズに見える教室運営のやり方は、実は、マイノリティの側の沈黙を強要しているだけのものかもしれない。

再び木村の指摘に戻る。木村は授業観察を通じて、教室を「男の子の雄弁、女の子の沈黙」

14 木村涼子『学校文化とジェンダー』勁草書房、1999年。
15 フックス、2006年、前掲書、46頁。hooks. (1994). *op. cit.*, p. 39.

という言葉で表現した。[16] 教室が一つの性に限定されていない場合、一見活発に議論がおこなわれているように見えても、実は多くのやりとりが男子生徒同士、または男子生徒と教師の間でおこなわれていることが研究の蓄積によって明らかになっている。教師の指示とは無関係になされる自発的な発言も、多くの場合、男子生徒によっておこなわれている。さらに、発言内容によっては男子同士で「からかい」が生じたり、女子生徒の発言に対して男子生徒による「からかい」がおこなわれたりすることも明らかになっている。[17]「からかい」は、からかわれる対象を沈黙させる効果を持っており、その結果、からかいの対象となる女子生徒は授業中、目立たないようにふるまうようになる。

教師がジェンダー問題に関心があれば、女子生徒を優先的に指名しようとすることもあるだろう。だが、もし教師が教室内の権力作用に関心を払っていない場合や、無批判な場合には、女子生徒を優先的に指名するような行為が、さらに女子生徒を権力作用の対象にしかねないと木村は指摘する。つまり指名された女子生徒は「からかい」の対象になりやすくなるのである。指名をするという行為によって教師は、社会的マイノリティ（この場合は「女子生徒」）が安全感覚を得ることのできない教室の環境をさらに居心地の悪いもの、気まずいものにする。教室を楽しく笑いが起こるような明るい環境にしようと教師がすればするほど、逆にマイノリティの学びを阻害するうえに、木村の言うように「性差別」を暗黙のうちに具現化して伝えるものともなる。

もちろん、みんなを注目させよう、参加させよう、楽しませようとする努力を教師が積極的にとる場合もある。だがやり方によっては逆に、その学びの環境は特定の学習者――この場合は男に分類されない生徒たち――にとって危機的なものになる。突然の課題に対する生徒たちからのネガティブなリアクションを和らげようとして、生徒たちを笑わせようとする教師がいる。声のピッチを高め大袈裟な女言葉を使い女子生徒の反応を真似てみせる。そして、「すごい目してたから、何考えてたかわかるよ」とその女子生徒をからかい、教室中を笑わせる。からかいの対象とされた女子生徒も困ったような笑みを浮かべる。それは居心地の悪さを感じている、あの特有の笑みである。

社会学者の江原由美子は「からかいの政治学」で、「集団内で『からかい』が提起されれば、それに反対する理由が特にない限り、『からかい』の共謀者となることが全員に要請される」と言うが、このルールは「からかわれる側」にも適用される。[18] からかいの対象とされた女

16 木村涼子、前掲書。
17 木村の挙げる事例では、男子生徒が、授業中に叙情的な表現をしたりすると女々しいとみなされていた（木村、同前）。
18 江原由美子「からかいの政治学」『増補　女性解放という思想』岩波書店、2021年、244頁。

子生徒はからかいのルールにとらわれ、抗議を事前に封殺されて、黙ってあの困ったような笑みを浮かべざるをえないのである。江原はこれを「からかいの呪縛」と呼ぶが、「からかいの呪縛」により教育者は一瞬にして、あるカテゴリーに属するもの——この場合は女——を劣位に置くことに成功する。笑いの場を共有する全員を参加させることによって、「かくれたカリキュラム」としての性差別のメッセージを教室中に浸透させるのである。

教育者による権力作用への無関心は、からかいの対象となる人々——ベル・フックスが「マイノリティ」と呼ぶ人たち——にとって、すでに「安全」でない教室の環境をさらに危うくする。多くの参加者が楽しいと感じていても、その環境は特定の人々を貶める環境になっているからである。このことに対して教育者が無自覚である場合、教室を楽しい笑いが起こる環境にしようとする教育者のその行為は、差別することに許しを与えることにもなりかねない。教室環境に働く社会的力は教育者の参加によってさらに増大して伝わり、個々の学習者たちが新たな習慣の回路を形成することを妨げるのである。このように既存の習慣的反応を増幅させて、教室は支配の政治を再生産していくのである。

4 権力が聞きたいことを繰り返す

セーフ・スペースを難しくするのは、権力を持つ者やマジョリティの側の無知、無関心だけではない。マーガレット・アトウッド（Margaret Atwood）原作のＮｅｔｆｌｉｘ《ネットフリックス》シリーズ『またの名をグレイス（*Alias Grace*）』は、セーフ・スペースの困難をあらためて浮き彫りにする作品である。[19] セーフ・スペースの困難とは、マジョリティにとっての安全な環境はすべての人にとって必ずしも安全な環境ではないということと関わる。マジョリティにとって安全な環境のなかでは、支配—被支配関係に置かれた人々が他者に対して本当の自分を表現する言葉で語ることはできない、ということをグレイスの物語は示している。グレイスの物語は、どうしたところでセーフ・スペースは機能しないのではないかと思わせる。そして、被支配者も支配的な

19 *Alias Grace*, CBC Television, September 25-October 30, 2017, Netflix. https://www.netflix.com/title/80119411 原作は Atwood, M. (1996). *Alias Grace*. McClelland & Stewart.（マーガレット・アトウッド『またの名をグレイス』上・下〈佐藤アヤ子訳〉岩波書店、２０１８年）

物語を繰り返すということをこの物語は雄弁に語る。

『またの名をグレイス』は、1843年にカナダ・オンタリオ州で起きた実話をベースとした物語である。グレイスは、召使として働いていた屋敷の主人で独身のキニーア氏と、使用人頭でキニーア氏の愛人であるナンシーを、同じ使用人のマクダーモントとともに殺した罪に問われた。二人は殺人の罪で有罪となり、マクダーモントは絞首刑に、グレイスの方は終身刑に処された。しかしグレイスは、殺人の前後の記憶がはっきりしていない。そのうえ、逮捕された際に作成された供述書には、グレイスではなくメアリーと名乗ったことになっている。本当にグレイスは殺人を犯したのか。

終身刑のグレイスは刑務所長の家でメイドとしての仕事をさせられており、毎日刑務官に連れられて刑務所敷地内にある刑務所長の家に向かう。グレイスをメイドとして働かせている刑務所長夫人が関係している霊媒を信じる人々や教会グループの人々は、グレイスの普段の素行から、彼女が無実と信じ釈放を望んでいる。グレイスの精神鑑定を依頼されたジョーダン医師は、刑務所の所長宅でグレイスが裁縫や刺繡をするその傍らで、グレイスへのインタビューを進めることとなった。

グレイスがメイドとして働く刑務所長の屋敷ではグレイスは自由だ。自由に屋敷内を移動し、自分のやりたい針仕事をし、ジョーダン医師に過去を物語る。一方、刑務所ではグレイスは暴力や暴言にさらされている。刑務官に連れられて刑務所長の屋敷に向かう時も、刑務官はグレイスに暴力を振るう。刑務所に収監される以前、グレイスは精神科病院に収容されていた。精神科病院でもグレイスは箱のなかに監禁されたり、看守の性暴力に怯えたりしていた。これらに比べれば、刑務所長の家で自由に動き針仕事をするグレイスは、安全なスペースにいるように見える。そして安全を感じながら自分の過去を物語っているように見える。しかも物語を語る相手は大変熱心な聞き手である。

だが聞き手であるジョーダン医師は、グレイスに向き合いながら、その語りが信じるに足るかどうかを判断する立場にある。グレイスに用意された安全なスペースは、実は男性中心主義の社会と同じ構造を持っている。女の語りはいつも、信じるに足るのかどうかわずかながらの疑いを持って聞かれるという構造である。英国の新聞メディアである「ガーディアン（*The Guardian*）」のコラムニストは、『またの名をグレイス』について書いた記事で以下のように述べている。

男と女の間の権力の不均衡とは、身体的強さでも、あるいは、経済的・専門的・社会的な影響力でもない。それは信頼性の問題である。性的な虐待が「こと」（筆者註：権力の不均衡の内容）だとすれば、女性の証言がいつも少しだけ疑われるような世界を作るのが、その「やり方」(筆者註：権力の不均衡を生み出す方法)なのだ。[20]

女たちはいつも自己欺瞞の世界に生きている。男にとっての他者として、自分自身が男の視線にどう映るのかをつねに意識して生きている。サルトルの鍵孔を覗き見している男の事例を借りるならば、[21]女性たちは、世界を見る者としての立場から自分の目に映るまま世界と関わるのではなく(この場合、意識は鍵孔から扉の向こうを見ている人の意識)、自分がどのように映っているのかという観点から世界と関わる(鍵孔から見ていることを見られていることに気づいた人の意識)。女性たちの視点は、見られている者、すなわち客体の視点である。女性の「主体性」に自然に起こってしまうのは、見られる者としての「主体性」だ。

Netflixシリーズのドラマのストーリーでは、グレイスが自らの語りをどのようにみなしていたのかが、ジョーダン医師への手紙の形で開示される。ジョーダン医師は南北戦争に従事して重傷を負い、全身麻痺の状態であるため、ジョーダン医師の母がグレイスからの手紙を読み聞かせる様子が描かれる。その手紙のなかで明らかになるのは、ジョーダン医師がグレイスの口から聞きたいと思っているだろうとグレイスが考えたことを、医師とのインタビューのなかでグレイスは語っていた、ということだ。もっとも、語られた物語は全くの作り事ではない。そこには現実に起こったことが織り交ぜられている。ただし細部にジョーダン医師の欲望がグレイスのフィルターを通して反映されている。グレイスが他者から欲望されて見られている「主体」として、自らの物語を構成していたということが示されるのである。

グレイスがジョーダン医師に語った場所は、これまでグレイスがいた場所と比べて絶対的に安全な場所に思われた。グレイスの人生はいつもセーフ・スペースからかけ離れた場所にあったし、グレイスはつねにさまざまな形の暴力に出合っていた。父親からの暴力、主人からの性的視線や働きかけ、使用人頭からの叱責や監視、違法な中絶手術の結果の親友の死、監獄のなかでの拷問と孤独、看守からの虐待。グレイスの人生は男性中心主義的な構造と言葉からなる社会のなかにあった。これらの状況と比べれば、ジョーダン医師とのインタビューの場はグレイスが安心して語ることのできる空間だったはずである。だがその一見安全な場所でも、グレイスは本当のことを語らなかった。むしろ、彼女の習慣づけられたあり方が、他者が聞きたいことを語らせた。そのことが彼女に安心をもたらすものだからである。

20 Williams, Z. (Nov 3, 2017). Alias Grace: An astonishingly timely portrait of the brutality of powerlessness. *The Guardian*. https://www.theguardian.com/tv-and-radio/tvandradioblog/2017/nov/03/alias-grace-an-astonishingly-timely-portrait-of-the-brutality-of-powerlessness

21 ジャン＝ポール・サルトル『存在と無――現象学的存在論の試み』2巻（松浪信三郎訳）筑摩書房、2007年。

もしも彼女が本当のことを語ったら、彼女は安全を感じなかったのではないか。それほどまでに習慣づけられた彼女のあり方――それは見られるものとしての「主体」のあり方、男性中心主義の言葉で構成されたあり方――が、彼女のふるまい、発言、感情までも形作っているのである。女の言うことは疑いを持って聞かれることが男性中心主義社会の初期条件としてある。この初期条件に基礎づけられた彼女の習慣により、彼女は安全だと見られる場所においても、他者が聞きたいことを想像して、その想像にしたがって語りを変化させていくのである。

5 女の語りは疑われる

疑いを持って聞かれる女たちの証言。これについてアメリカのノンフィクション作家で『説教したがる男たち（*Men explain things to me*）』を著したレベッカ・ソルニット（Rebecca Solnit）は、「レイプに、デート・レイプに、夫婦間のレイプに、家庭内暴力に、職場のセクシュアル・ハラスメントに、犯罪としての法的地位を与えようとする戦いとは、女性の証言を信頼できるもの、聞かれるものとする戦いである」と述べている。[22] レベッカ・ソルニットの上記の言及を受けて、イギリスのジャーナリスト、ヘレン・ルイス（Helen Lewis）も『*Difficult women*（むずかしい女たち）』のなかで言う。「女が平等を求めるとき、いつも、女たちは、疑念のハードルにぶち当たる。女たちだけがそれについて語っているのなら、本当にその問題は存在しているのか[23]」。

このように、女の語りが疑いを持って聞かれるという状況が、男性中心主義社会でのデフォルトのスペースのあり方なのである。グレイスの物語に見たように、女たちは安全だと見られる場においてさえ、「本当のこと」を語ることはない。なぜなら女たちの語りには、つねにわずかな疑念が向けられているからである。彼女たちの語りは、軽く見られたり、真面目に受け取られなかったり、合理的でないとみなされたり、感情的すぎると判じられたりする[24]。わずかな疑念が向けられているという環境のなかで女たちは社会化されるのである。したがって、女たちは黙ったり、他者が聞きたいことを語ったり、他者の言葉を使って語るようになる。本章で議論した「意識化」による「自己の変革」とは、支配（他者との関係性を規定するもの）が自分の言動のうちにどのように働いているのか、自分が他者をどのように支配しているのかを

22 Solnit, R., quoted in Lewis. *op. cit.*, p. 4.
23 ibid.
24 だから女たちは真面目に受け取られるために、男のように語るか、男の聞きたいことを語るのかもしれない。

自らが意識できるようになることから始まる。ただし、グレイスの物語が示唆するように、意識化による自己変革をおこなえる「セーフ・スペース」を準備することは困難であり、実際のところそこで安心や調和を得るのは不可能なように思われる。政治的な葛藤は人々を傷つきやすくするし、語ることが、疑いを持って聞かれることがデフォルトならば、なおさらである。「意識化」と「自己の変革」には勇気が必要だ。本当のことを語るためにも、批判の意識を働かせるためにも、新たな価値システムを作り上げるためにも。ベル・フックスは、女性は異なる価値システムを持っているのではないと述べる。むしろ権力についての新しい概念を含む、それまでの代わりとなるような価値システムを作り上げなければならないと論じている。[25] 勇気を持って葛藤を経験し、新たな見方、言葉、価値を生み出す場所が必要である。セーフ・スペースとは、ただ単に安全であったり安心できたりする場所ではない。新たな価値システムを作り上げる場所なのである。しかし、そのようなものは実現可能なのだろうか。それが実際確保された時、そのようなスペースでは何が起こるのだろうか。次章では、この問題を考察して新たなフェミニズム教育を示してみたい。

---

25 ベル・フックス『ベル・フックスの「フェミニズム理論」――周辺から中心へ』(野崎佐和、毛塚翠訳) あけび書房、2017年、129頁。hooks, b. (2000). *Feminist theory: From margin to center, second edition*. South End Press., p. 90. (Original work published 1984)

第6章 情動のフェミニズム教育

大人になってから振り返ってみると、学校に通っていた頃、友だち同士の身体的距離がとても近かったことを思い出す。児童や生徒や学生であった時、自分の身体に感じた友だちの息遣いや体温、汗の匂いなどは、学校内外の日常生活でも当たり前に感じられるものであった。頭をくっつけ合って虫を観察したこと、肩を寄せ合って試験勉強したこと、互いの頬をつねったり、肩を組んだり、髪の毛を編んであげたり、リボンを直してあげたり、膝にできたかさぶたに触れ合ったり、互いの耳たぶの冷たさを感じたり、顔を耳に近づけて内緒の話を囁いたり。児童・生徒・学生時代に結び合う友だちとの関係には、互いの身体の近さが許されているように思える。学校は、身体と身体の間の近さによって自分が相手にとって「いる」ということをお互いに確かめ合うことができるような、そんな場所である。互いに対する肯定的な感情を、その身体的な近さと触れ合いのなかで確かめ合うことができる場所でもある。

それぞれに机が割り当てられている授業というフォーマルな場所でも、クラスメイトと一緒に空間を共有していることを自分の身体が感じることはなかっただろうか。クラスメイトが先生に当てられて答えに窮している時に、あるいは、クラス全員の前で問い質されている時に、自分の呼吸も速くなったり、胸が苦しくなったりすることはなかっただろうか。友だちが笑いだしたので、理由もわからずに自分も笑いだし、笑いが止まらなくなったことはなかっただろうか。教室のなかの出来事にしたがって、教室がなぜだか急に明るくなったり暗くなったり、空気が軽くなったり重くなったりしたことはなかっただろうか。それに合わせて自分の身体も軽くなったり重くなったりすることはなかっただろうか。

身体の感覚を通した他者とのコミュニケーション、身体同士のやりとりを通じて得られる自分の存在の確かさ、これらを情動的なコミュニケーション（affective communication）の一つとして捉えることができるだろう。とはいえ、身体的なコミュニケーションは、大人になってしまったら失われてしまうもののように思える。たとえ子どもの頃に肩を寄せ合った友だちとの関係が続いていたとしてもである。

本章では、まずこの情動について論じていく。

1 身体を通じたコミュニケーション

情動（affect《アフェクト》）とは、言葉にならないような感覚の動きであり、怒りや困惑、幸せなどのような感情とは異なるものである。怒りを感じるとか困惑を感じるとか、幸せを感じるなどの感情は言葉としてすでに存在しているものである。その意味内容はすでに規定され、カテゴリーに分類されている。だが情動は強かったり弱かったりするような感覚である。友だちとの身体的近さが生じている最中に、身体のなかで起こっている多様な感覚の動きを一つの言葉で説明するのは難しい。正確に何であるかを突き止めて「これだ」とは言えないけれども、まさに何かが身体の内側で動き回っているようで、言葉で説明してしまうと、肝心な部分が抜け落ちてしまうような感じもする。

第5章でウィリアム・ジェイムズが語った胸骨の下の突き刺さるような痛みを思い起こしてほしい。ジェイムズは、これを「感情だか、気持ちだかわからないが、言葉で形をあたえられないもの」と表現した。あるいはジョン・デューイが「言語を絶するもの」「言葉にならないもの」(the ineffable)と表現したようなものでもある。言葉で表現できないが、しかし身体の内側の動きは確かに存在する。

affectは、名詞では「情動」とも訳されたり、あるいは、アフェクトと記されたり、または「感情」と併記されたり、[1]「気分」と訳されたりもする。[2]しかし、互いの身体が隣り合っている時に、身体と身体の間でおこなわれている交流は名詞としてだけではなく、動詞として理解されるものでもある。『ジーニアス英和辞典』ではaffectの他動詞の一番目の意味として、「〈事・状態などが〉(直接的に)〈物・事〉に影響する、はね返る、(不利に)作用する(◆間接的に行動・思想などに変化を起こすのは、influence)」とある。また、二番目の意味として、「[通例 be -ed]〈人が〉[病気などに]冒される、襲われる(by、with)」がある。そして、三番目の意味として、「[通例 be -ed]［…で］感動する、心を動かされる（moved）」という意味が示されている。[3]

情動理論では、動詞としての情動（affect）を使って、すなわち影響し影響されるものとして、身体が議論される。動詞としての情動の使い方に関心を持ち情動を議論するカナダの哲学者ブライアン・マッスミ（Brian Massumi）は、段階ごとにどのような能力または力を担うかによって、身体は定義されるとする。[4] そしてその力とは常に変化していくものである。なぜなら、影響を与えたり受けたりするという身体の能力は固定されないからだ。直接的あるいは間接的な身体的コミュニケーションを通して、波のように寄せたり引いたりする恒常的な感覚の強弱を身体は経験し、身体自体が移行していく。影響し影響されるという力が一体となり、その時々の身体を規定しているのである。だから、身体と身体が近接しているという事態におい

1 飯田麻結「感情／情動のポリティクス」『現代思想』48（4）、青土社、2020年、218-228頁。

2 リサ・フェルドマン・バレット『情動はこうしてつくられる――脳の隠れた働きと構成主義的情動理論』（高橋洋訳）紀伊國屋書店、2019年、126頁。

3 affect、『ジーニアス英和辞典』第3版、大修館書店、2001年。

4 Massumi, B. (2021). *Parables for the virtual: Movement, affect, sensation (Twentieth anniversary edition)*, Duke University Press, p. xxxiii. (Original work published 2002)

ては、身体は影響し影響されて、常に一瞬前とは異なっているのである。このように身体が言葉にならない出来事を情動として経験していることを情動理論は示す。

身体的近接性――身体と身体が隣り合って影響し影響される様――は次第に失われていくものでもある。学校などのフォーマルな空間で、有形無形のさまざまな介入により、身体は「普通のあり方」に方向づけられていく。「普通のあり方」とは、適切な距離を保つことであり、節度を保つことであり、ジェンダーやセクシュアリティを含めたさまざまな社会的規範を身体化することである。まさに「らしさ」を体現することでもある。

前章で論じた「かくれたカリキュラム」も、「普通のあり方」への方向づけと形成のプロセスのなかに位置づけられると言える。「普通のあり方」を強調するような空間では、言葉にならないような出来事は抑制され、規律され、個別の身体として枠づけられたもののうちに抑え込まれる。もちろん、教室でも、生徒・学生たちは「身体」として存在するから、彼らの身体に出来事として生じている情動の側面を消し去ることはできない。だが、情動は教室のなかで巧妙に制御され、どのようなものとして表現されるべきか、進むべき方向を促されて、すでに理解可能なものとして社会で流通している「感情」という枠へと囲い込まれる。私たちは、私たちの内側に湧き上がるものを、「感情」という、人に言葉で伝えるためのものに分類して、他者に示すようになっていく（そして、「感情」はジェンダー化されていることに留意したい。何に嬉しいと感じるか、楽しいと感じるか、その対象自体がジェンダーによって異なるだろう)。

教室は、情動をいかに抑え込みコントロールするかによって成り立っている。一人ひとりに机を与えるのも、整列させるのも、番号を与えるのも、それぞれの身体を個別化し、それぞれを個別的な存在として制御するためである。同時に、それぞれの生徒たちが、自分自身を個別のものとして捉え、制御できるようにするためのものである。

このような個々人が個別化された存在として成り立ち、制御されている教室では、感情という一見個人的なものに見える現象さえも制御の対象となっている。感じるべき適切な感情を示され、児童・生徒・学生たちは状況に合わせてどのように感じるべきか教え込まれる。教師や同級生を含めたさまざまな方面から、意識的・無意識的な働きかけを受けながら、どのような存在になるべきか、どのような感情を持つべきかを彼らは学んでいく。怒りはすぐに抑制され、規範から外れれば恥ずかしさを感じさせられる。

だが教室で情動を完全な制御下に置くことが可能かと言えば、そうでもない。教育学者のアリーサ・ニッコリーニ(Alyssa Niccolini)は、情動は手に負えないもの、どうしても漏れ出てしまうものとして、次のように述べる。「教師の意図やコントロールの外側で、情動は既に教育的な作用をもたらすのだ」[5]。教室で起こる言葉にならない、また、明確に知覚もできないような感覚のざわめきは、教師の意図を超えて伝染していく。確かに学校はそれを伝染病のように扱うのだが、ウイルスが他の生物の遺伝物質を使用してのみ自らを複製できるように、情動も私たちの内側に入ってくるのである。

前章で見たとおり、「二重意識」は習慣化されて、私たちの身体や感情にまで行き渡っている。他方で、男性中心的、性差別規範を基盤に持つ社会構造のなかで、安全ではないにもかかわらず安全だと信じ込まされているような環境が女性たちを取り囲んでいる。そのような環境では、女性たちが二重意識から自由になって、自分にとって真実だと思える言葉を生み出すことは不可能に近い。

前章では、二つの重要な困難、習慣化されてしまっている「二重意識」を変化させることの困難、そして「セーフ・スペース」の確保の困難について指摘した。この二つの解決は非常に困難であるため、この状況から脱することは不可能ではないかと思わせられる。しかし、この二つの重要な困難に対して、情動理論は新たな取り組み方を提示する。一つ目の困難に対して、情動には、習慣化されたふるまいや、習慣化されて自動的に沸き起こる感情などを動かす力、影響を与え影響を受ける力がある。つまり、習慣を変えるという困難に見える壁に対して、異なるアプローチをとることが可能である。二つ目の困難に対しては、セーフ・スペースのなかに情動を見出さなければならないということを情動理論は示している。情動が抑え込まれている環境とは、前章で議論した中立的で調和的な環境であり、男性中心主義的な構造のなかで、傷つきやすい人たちが居心地悪い思いをしないように黙ったまま座っていなければならない環境を指す。情動が抑え込まれている環境では、女性たちは既存の習慣的反応の回路を繰り返す。

教室を、葛藤を経験し、新たな見方、言葉、価値を生み出す場所にするためには、身体的な存在としての自らのうちに情動の側面を認め、すでに教室において身体同士の間で流通している情動への向き合い方を問うてみる必要があるのではないだろうか。そのような考えからこの章を書き進めていきたい。

ただし最初に明確にしておきたいのだが、情動に注目することで教室環境が劇的に変わるとか、あるいは教育実践が大変化するとか、または男性中心主義的な構造の再生産をやめられるとか、新自由主義的な価値観から人々を自由にするとか、そういうことを期待しているのではない。実際のところ、そうした変革を望むことはできないだろうし、どのような変化を社会に

5 Niccolini, A. (2016). Animate affects: Censorship, reckless pedagogies, and beautiful feelings. *Gender and Education*, 28 (2), 2016, 230–249.

もたらしたいのか、そのビジョンを事前に描くことも、共有することもできないだろう。

とはいえ、情動の存在を教室のなかに認めることで、そして感情や身体に起こっている変化を捉え、それを評価することで、多少なりとも習慣に影響を与えていく、その可能性に注目してみたいのである。カルチュラル・スタディーズを専門とするイギリスの研究者キャロリン・ペドウェル（Carolyn Pedwell）が述べるように、「より永続するような社会政治的な変化が（中略）ちょっとした情動的な応答（affective responses）や、相互作用や、身振りや、習慣の蓄積、反響、再形成を通して生まれる」のであれば、情動を教室のなかに認めることに、変化へのわずかな希望を見てもいいのではないだろうか。[6]

次節ではエロスを抹殺している教室空間を批判し、エロスや情熱を再評価しようとしたベル・フックスの議論を情動の観点から捉え直し、再評価する。次に、情動が習慣の変化に導くことをどのように可能にするのかを見ていく。さらに、情動を抑え込まない教室環境が、なぜ求められるのか、また、そこでの教師の役割を考察する。最後に、情動がもたらす変化はどのような性質を持つものなのか、情動による社会変化を論じるさまざまな論者から示唆を得る。

2 エロスと情動

ベル・フックスは、公的な制度としての教室空間は肉体を抹殺する空間であることを、その著書『とびこえよ、その囲いを――自由の実践としてのフェミニズム教育（*Teaching to transgress: Education as the practice of freedom*）』で指摘した。「制度的な学習がおこなわれる公的な世界とは、すなわち、肉体が消去され、なきものとされる場なのであった[7]」と述べている。教室では精神だけが重要とみなされ、教育者は身体を抑制し否認して、教室での教育行為に臨むことになる。ベル・フックスは、「批判的な思考のさらに向こうに、同じように重大なもう一つのことがあるのだ。『肉体なき精神』ではなく、『全的な存在』として教室に臨むこと、その

---

6 Pedwell, C. (2021). *Revolutionary routines: The habits of social transformation*. McGill-Queen's University Press, p. 132.

7 ベル・フックス『とびこえよ、その囲いを――自由の実践としてのフェミニズム教育』（里見実監訳）新水社、2006年、221頁。hooks, b. (1994). *Teaching to transgress: Education as the practice of freedom*. Routledge, p. 191.

ことを学ぶべく、わたしたちは求められている」と述べている。[8]

さらにベル・フックスは、「教室で伝えられる知識や批判的思想は、わたしたち自身のあり方、教室の外でのわたしたち自身の生き方を伝えるものでなければならない」ということを前提に、批判的意識の形成を目指すフェミニズム教育に根を置いていると述べる。[9] そのうえで、「批判教育学の目指すところが、意識のありようの変革、自らをよりよく知り、この世界をより十全に生きることを可能にする知のあり方を学生たちに提示することにあるのだとすれば、それは、学習過程を助けるものとして、教室におけるエロス的なものの存在に、ある程度依拠しないわけにはいかないだろう」と言う。[10]

ここで言うエロスとは、一般に思い浮かべるような性的なものに限定されるのではない。「すべての生命の形態をありうべき可能態から現実態へと押しやる推力を総称したもの」と、米国の大学で長年にわたって哲学と宗教の講義を担当してきた著述家のサム・キーン（Sam Kean）を引用してベル・フックスは説明する。そして「エロスは、自己確証に向けての心とからだの一切を投じた努力を高揚する力であり、また認識論的には、わたしたちが知っていることを知り直すための足場を提供するものでもあって、そのことを理解することは、教師と学生の双方が、そうしたエネルギーを教室の場で活用し、討論を活性化し、批判的な想像力を高めるカギとなるものだ」と論じる。[11]

「社会的な諸関係の変化が具体的に生起するダイナミックな場[12]」となる時、教室はただの知識の伝達の場ではなくなり、学生たちが自分たちの内側に内面化された社会的諸関係に気づき、それを批判的に吟味して、それとは異なる自己表現を生み出そうとする場となるのである。ベル・フックスは、教室が「社会的な諸関係の変化が具体的に生起するダイナミックな場」となっている事例を紹介している。ある年、ベル・フックスは、内面化された人種差別がフィクションのなかでどう描かれているかを議論すると同時に、自分たちの経験を批判的に検討する講座を受け持っていた。その講座を受講していた女子学生の一人は、黒人特有の縮毛をまっすぐに伸ばしていた。なぜなら彼女は手入れをしないと、つまり、自然のままだと格好が悪いと感じていたからである。縮毛を恥ずかしいと思うその感覚――この感覚は、意識的な考えで

8 同前、223頁。ibid., p. 193.
9 同前、224頁。ibid., p. 194.
10 同前、225頁。ibid., p. 194.
11 同前、225-226頁。ibid., p. 195.
12 同前、226頁。ibid., p. 195.「理論と実践の統一をもたらす知の追求とは、情念（passion）の一つである。この情念は、人に着想を与えることができるようなさまざまなアイデアへの愛に根本的に根ざしていなければならないもので、こうした情念を教師が持ち込むことによって、教室は、社会的諸関係の変化が具体的に実現されるダイナミックな場所となり、大学の外側の世界と内側の世界という偽りの二元論は消え去る」（※筆者訳）。

はなく、感覚的反応であることに留意したい――は、まさに、黒人に対する支配的な見方が、この女子学生の身体的反応のレベルで働いていることを示している。

ところが、休み明けに、その女子学生は完全に変わってしまった外見で教室に戻ってきて、ベル・フックスを驚かせた。「いつものように『パーマ』をかけに行こうとするんだけど、なんだか内側の力が、ダメよ、って叫ぶのよ、とクラスのみんなに告白したのだ」とベル・フックスは書いている。そして、その証言を聞いた時にベル・フックス自身が感じた「戦慄」が記されている。「彼女の姿、彼女の一変した外見は、わたしが向き合い、肯定しなければならない素手の一撃であった[13]」。

批判的意識のための教育をすることを心から信奉して、また、それを実践していたベル・フックスが「戦慄」を覚えたとの証言は興味深い。この証言から示されるのは、批判的意識を育て、また社会的諸関係を維持する習慣を変えようとする教育実践がおこなわれている教室にいる人たち――生徒や学生に限らず、教育者も含む――の身体的存在自体が、共鳴すなわちアフェクト affect（影響）し合ったら、平静のままではいられないという事実である。平静ではいられないことを、その女子学生は「内側の力が、ダメよ、って叫ぶ」と表現している。英語では「some force within said no」である。なんだかわからない内側の力、つまり、「some force within」がダメだと言っている。これは、なんだかわからない内側の力をこの学生は感じているということを意味している。

　教育者であるベル・フックスの方も、この告白を聞いた時に自分の身体に起こったことを「戦慄」と表現している。英語では「fear（恐れ）」だ。つまり、何ものかわからないものに対するはっきり表現できない内面のざわめきである。この女子学生はさらに「this class deeply affected（her）この授業が（彼女に）深い影響を与えた」と語った。教室のなかでの情動がこうした言葉――すべてがはっきり分節化されないものを示そうとしていることに留意したい――に表現されていると言える。

　重要なのは、学生が髪の毛を自然のままにしておくのを選んだということではない。これまで論じてきたとおり、社会に流通する言葉も表現の仕方も限られている。内面化された黒人に対する見方に従順になってストレート・パーマをかけていたというのならば、黒人に対する見方や偏見に抵抗する表現に、多くの選択肢があるわけでもない。抵抗の表現としてあるのはストレート・パーマをやめることでしかない。これとは全く異なるような、新たな表現を生み出すことは困難であろう。表にあらわれるのは「他者からの評価を気にせず自分らしくある」と

13　同前、227頁。ibid., p. 196.

いう「らしさ」の肯定であり、自己の受け入れである。だがこうした表現は現状の維持につながりやすい。つまり黒人としてのアイデンティティを彼女は肯定的に受け入れたのだという言説は、黒人と白人との間の現実の関係性を変えるものではない（もちろん、必ず現状維持につながるということではない）。

だがここでは、黒人のアイデンティティを肯定するという使い古された言説に与することをあえてやめてみたい。ここで注目したいのは、この女子学生の行動の変化において、身体が影響を受けるその力が肯定されていることである。ここには、自らのうちに起こったざわめきを自覚し、それを表現することが許される環境が見出される。衝撃（shock）を受けてから、その衝撃が表出されるまでの、そのほんのわずかな空隙《くうげき》のなかで情動の流通が起こっているという事態に注目してみたい。

平静ではいられないのは、彼女のように変容を表現した学生だけではない。この教室環境にいる他の学生たちも平静ではいられないことが、ベル・フックスが言及する学生たちのジャーナル（振り返りノート）に見てとれる。「わたしが担当したいろいろなクラスの学生のジャーナルには、特定の学生とわたしとの特殊な絆を見せつけられることへの不満がつねに表明されていた。教室のなかでのケアや愛情表現にたいして学生たちが心穏やかではいられないことが分かった（後略）」と述べられている。[14]「心穏やかでいられない」という表現は、原語では

「uncertain（不確かな、はっきりしない）」である。「uncertain」という言葉には、いままで当たり前と思ってきたことや、教室内の秩序として期待しているものとは異なることが教室に起こっていることを、学生たちが感じとっていることが示されている。と同時に、これまでの経験のなかで獲得してきた表現方法では汲みとれない何かが身体のうちにあって、学生たちの身体がそれを「感じて」内面がざわめいていることが示されている。通常の、よりコントロールされて中立性を保ち、全員を平等に扱っているように見える教育実践——結果マジョリティにとって有利に働く教育実践——とは異なる何かが、教室に起こっていることがわかる。身体の内側で起こっているざわめき、「普通」ではいられないと感じさせる何かを、ここに関わる人々全員が受け取っているのである。

自らの「二重意識」に取り組み、また「二重意識」によって定義されないあり方で自分自身を表現することを目指すベル・フックスの「エロス」の教育実践は、情動の効果に居場所があるということを示唆する。そうした教室空間で、はたして情動はどのように伝わるのだろうか。そうした空間を用意する際に、教育者はどのような存在として教室に存在することができ

14 同前、230頁。ibid., p. 198.

るのか。次節ではそのことを考えてみたい。

3 情動が伝わる教室環境

情動は教育実践に伴って確かに生じているものであるが、情動が起こっていること自体に注意を向けること、あるいはそれをペダゴジー（教育実践や教育学）の基盤の一つに置くことは避けられてきた。これまで情動は過ぎ去っていくもの、かつ過ぎ去るべきものとして、あるいは抑え込まれるべきものとして扱われてきた。特に教室のなかの出来事に情動を意味あるものとして見出すことを、教育者は避ける傾向にある。fear（恐れ）も uncertainty（不確かさ）も、また、some force within（なんだかわからない内側の力）も、教室のなかでは忌避されるような身体感覚を伴う現象である。

教室では平静や調和を保つことが目指され、いかなる混乱も好ましいものとはみなされない。「学級崩壊」という言い方も、混乱や「通常」とは異なることを忌避する学校のあり方をストレートに示すものであろう。スムーズな教室運営を乱すようなことが起こるのは許されないから、それを確実なものとするために、教育実践は事前に周到に準備されなければならず、また、どのような反応が生徒・学生たちから生じるかについて、十分に予測されなければならない。そして、「安全」を脅かすことになりそうなものは、何であれ事前に予測し、それが起こる可能性は排除されなければならない。

教室環境はそれほどまでに、よく制御されている必要がある。このような教室環境に対する考え方は、教える行為のなかで生じる情動の持つ潜勢力を考察した事例に見出される。その学校では、通常の調和的な学校運営や教室運営に動揺をもたらすような教育実践をおこなった教育実習生を呼び出し、即座に実習中止を言い渡した、とニッコリーニは紹介する。[15] 詳しく見てみよう。

この実習生は、キリスト教系の私立中等教育学校で、生徒たちが自分の選んだ社会正義に関するトピックを詩で表現する教育活動をおこなった。授業で扱うトピックとして、「人種差別、性差別／セクシュアル・ハラスメント、ホモフォビア（同性愛嫌悪）／異性愛主義、社会階層差別／貧困、いじめ、年齢差別、障害者差別、戦争、教育、環境問題など」と実習生が資料に記載したところ、生徒たちはホモフォビアという言葉に反応した。そして、興奮・ざわつ

15 Niccoloni. op. cit. 以下の事例は、この論文のなかに掲載されているものを紹介している。

き（buzz）が起こった。生徒たちは、実習生にホモフォビアという言葉の定義を求めたのち、同級生がゲイであるためにいじめられてきたという話を授業中にシェアし始めた。そして、すぐにホモフォビアのトピックに夢中になっていった。

ホモフォビアというトピック――それは、人の生／性に関わるものであり、普段の教室空間においては抑圧されたトピックである――に、生徒たちの身体が影響を受け、また互いに影響を与えて、ざわつきとなって教室中に広がった様子がわかる。伝染病のように熱狂が身体から身体へと広がっていく様子を、この実習生はジャーナル（振り返り）に記している。「熱狂がどのように浸透していくかわかるでしょう？」

だが、この実習生と共同で教えているもう一人の教師は、この熱狂に懸念を示し、「これはまずい、これはまずい」と繰り返したという。生徒たちがホモフォビアというトピックに熱中したことがカトリック修道士である校長の耳に入れば、明日からの自分の仕事が危うくなるかもしれないと、心配したのである。

実習生はその日の午後、国語科の主任に、もう学校には来なくていいと言い渡された。実習生は校長が感情的になっている（affective state）ということ以外、なぜ自分が実習中止となったのか公式な見解を聞くこともなかった。のちに実習生は、その授業が「安全ではなかった」、特にＬＧＢＴＱの生徒たちを危険にさらしたとみなされたことを第三者から知ったという。実習生はこのように振り返っている。

（校長は）ホモフォビアといったような社会課題を議論するとき、慎重に検討されて、よく制御された状況においてでなければ、生徒は安全ではないと感じたようだ。ホモフォビアについて詩を書くということが、カムアウトする生徒の安全を脅かすかもしれないと、校長は恐れたようだ。

ここで表明される「安全」は、ＬＧＢＴＱの生徒たちにとっての安全と校長に理解されているようである。だが、実際にはこの「安全」は、ＬＧＢＴＱの生徒たちに自分自身のことを表明させないような「安全」である。ニッコリーニの分析対象となっているこの実習生が書いているように、社会正義の詩作活動を授業でおこなった後、ある生徒がその実習生のところにやってきて、ホモフォビアのトピックに自分がどれほど刺激を受けたかを伝え、「自分はクィア」だとカムアウトしたのである。校長の求める「安全」とは「自分を表現する」という行為を許さない「安全」であり、前章で紹介したベル・フックスが、次のように指摘した「安全」なのである。再掲しよう。

その「安全な場所」なるものが普通に意味しているのは、教師が物言わぬ学生たちを相手に講義し、学生たちは何かたずねられたときにだけ答えるといった、あのおなじみの授業風景なのである。批判的意識を目指して教育活動をおこなっている大学教師たちの体験をもってすれば、多くの学生たち、とくに非白人の学生たちは、一見中立的に見える教室の中で、自分が「安全」だとはまったく感じていない。学生たちの頑固な沈黙、授業にたいする積極的な関与の欠如は、実は「安全」感覚の不在が原因なのだ。

「自分はクィア」だと言ったこの生徒も、非白人の学生たちと同じように、一見中立的に見える教室で、「安全」だとは感じていない。だからその場所に、自分自身の全存在を関与させることができない。自分自身の生/性の重要な側面、あるいは、核となる側面を否定しながら、その場にいなければならないのである。

前章で見たとおり、教育者には教育行為が政治的行為であること、教育者の発言、教材の選択、教科書の解釈それぞれに政治的含意があることへの自覚が求められる。つまり教育行為を通して、権力関係が実践され、伝わっていくことへの自覚である。校長の示すような「安全」を内包する教室環境の構築は、中立を保ち、誰も傷つけないように配慮しているという建前がある。しかし、この教室環境の構築でさえ、政治的選択であり、権力を振るう行為であり、そして支配的な社会関係を伝えていく行為なのである。ＬＧＢＴＱの生徒の安全に配慮していると言いながら、実は配慮されているのはマジョリティの安全である。これはＬＧＢＴＱの生徒だけに当てはまるものではない。女子生徒に配慮した空間、障害を持つ学生に配慮した空間など、「配慮した空間」の多くは、彼らの「安全のため」と言われるが、教室運営における安全の保持は、マジョリティの特権を守ること、すなわち、これまでの習慣を維持することにつながっていくのである。

「性教育」をおこなうことやＳＯＧＩ（性的指向や性自認）を扱うこと、性差別を扱うことだけでなく、上記で実習生が挙げたようなさまざまな差別を扱うこと、すなわち平静を掻き乱すような教育実践をしようとすると、必ずこの「校長」のような意見が噴出する。隅々まで制御された教室環境で、平静を保ったままで、これらのトピックを扱わなければならないと考えられているからである。すなわち、情動を抑え込みながら、あるいは情動をうまくやり過ごしながら、教育者も学習者も自分自身の全存在を関与させずに、その場にいることになる。特権的な地位にある者は、その特権を脅かされないまま、習慣を変えることもないまま「思いやり」や「親切」を学び、「異なる意見を大切にすること」や「誰に対しても分け隔てをせず、公正、公平な態度で接すること」（いずれも、特別の教科 道徳の学習指導要領に掲載される、内容と内容項目である）を学ぶことになる。

4 予測不可能なことを教室にもたらす情動

情動を認めることは、予測不可能なことが起こることを認めるということでもある。ニッコリーニが取り上げた事例では、実習生の教育実践は教室中に熱狂や活気を即興的に生み出すことになった。通常、授業には、授業の目的設定から生徒がそこに至るまでの過程に対して秩序が求められ、その過程においては熱狂や活気は秩序を乱すものとして教育者の監督下に置かれる。だが、実習生による授業実践は、生徒や教育者の情動的コミュニケーションを誘発し、学校運営の視点からはある種の無秩序（混乱／disorder）がもたらされたと映ったのである。だから学校運営側は、実習生に対して実習中止を言い渡した。実習中止という事態は、既存の制度が予測不可能性に対してどれほどまでに抵抗を見せるかということを示している。制度を転覆させるかもしれない予測不可能性に対して、学校は実習生を放出するという対応をしたのだと言える。

予測不可能性は、肯定的な事態、つまり、ある生徒がカミングアウトするという事態にもつながった。カミングアウトはこの一人の子どもの生き方という観点で重要な意味を持つ。この生徒は、日々自分を否定して存在してきたに違いない。しかしカミングアウトによって、より自分自身に近いと感じられる自分として、他者とともに日常を生きる力を得る。ニッコリーニの事例では、生徒たちは、情動を認める異なる教育実践を歓迎した。そして、一人の子どもが自らを異なるあり方で表現する可能性を見出すことにつながった。

この事例からもわかるように、社会変化を生み出そうとする教室では、情動を抑え込まないことによる予測不可能性を歓迎することが求められる。しかし、予測不可能な出来事は、実際のところ、順調に進む日常——繰り返すが、一見、中立に見えて実はマジョリティの側に含まれない者たちが「自分」としていられない日常——に亀裂をもたらす。「秩序」を混乱させ、一人ひとりに「危機」をもたらし、混沌に陥る可能性があるからである。

問題は、この予測不可能性にどのように教育者が対峙するかということであろう。教室での教育者の力は重要な意味を持つが、この力は、抑え込む力ではない。強制する力でもない。教室でつねに生じているものの一つとしての情動的コミュニケーションの存在を認め、歓迎し、それをペダゴジー（教育方法や教育実践）全体の効果の一環とする力である。それと同時に、教育者を含めた教室の一人ひとりに起こりうる危機的な状況を受け止め（例えば、戦慄を感じたり、ざわつきを感じたり、何かわからない内側の力に引き込まれたり、不確かな気分を味わったりすること）、その危機的な状況を咀嚼《そしゃく》する力である。危機的な状況——同時に個々人が自らとの関係性や他者との関係性において、これまでとは異なる習慣を生み出す可能性をはらむ状況――が生まれる余地を十分に残しながらも、教室環境を混沌に陥ることから守り、さらには、教室のなかで新たな価値や習慣を生み出すことに取り組む一人ひとりを守る、そういう力が教育者には求められるのだと言える。

私は、この力を「generative, enabling power（力を生み出す、力を与える力）」と名づけて議論したことがある。[16] この力は、何か新しいものが生み出されることを可能にする力、内面化されてしまった自分を否定する言葉を再生産させない力、新たな表現や理解を生み出すことを可能にする力、新たな習慣を生み出す力、力を奪うのではなく力を与える力である。この力は、より力を奪われている者たちに、より力を与える力であり、したがって、より脆弱な人たちに対して伝わっていく。

「力を生み出す、力を与える力」の特徴は、「平静を保つ安全な教育環境」を求める人々の目には、教育者が特定の生徒と特別な関係を結んでいると映るかもしれない。だが、多くの学生がジャーナルに不満を表明した時、ベル・フックスが投げかけたのも、この「力を生み出す、力を与える力」であった。学生たちが「心穏やかでいられない」――「不確かさ」を感じとっていることを彼らのジャーナルから読みとったベル・フックスは、教室が混沌に陥る寸前にこの力を結集して、授業で学生たちに問いかけた。「どうしてあなたたちは、特定の学生を大事にすることが、みんなの一人ひとりを大事にすることなんだ、って思わないの？　愛情やケアは、溢れて横に広がっていくものだと思わないの？」。その結果、この力は学生たちに次のように伝わっていった。

この質問に答えようとした学生たちは、自分たちが生きている社会について、自分たちがいかに人間相互の競い合いを教え込まれているかに、深く思いをいたさざるを得なかった。学生たちは資本主義について、それによって愛情やケアについてのわたしたちの考え方が導かれていることについて、わたしたちが自らのからだを生きる生き方、わたしたちがからだと心を分離しようとしているそのありようについて、考えをめぐらさざるをえなかったのだ。[17]

マジョリティの学生たちが抱えていた不確かな気分は、もし彼らがその不確かな気分に基づ

16　Toraiwa, T. (2009). *Enabling empowerment: Students, instructors, and the circulation of caring in a women's studies program at a university in the United States* [Unpublished doctoral dissertation]. University at Baffalo, SUNY

17　フックス、２００６年、前掲書、２３０–２３１頁。hooks. (1994). *op. cit.*, pp. 198–199.

いて行動するならば、教室のなかのさまざまな関係性を転覆させ、最終的には教育者をその役割から引き摺り下ろす可能性を持つものであった。そして、より脆弱なものを脆弱なままにして、さらにはひどく傷つけてしまうことにもなりうるものだった。ベル・フックスの教育実践は、情動をペダゴジーの一環とみなすことで起こりうる紙一重のリスクが表面化することを防ぎながら、社会関係に関する考察を一人ひとりができるように促していると言える。このような空間こそ、つまり、言葉にならないようなこと、動揺やざわめき、恐れや不確かさを許容しながらも、他方で、それらに意識的に向き合う余地が残された空間こそが、おそらく「セーフ・スペース」なのだと言える。ベル・フックスは「安全」の問題に焦点を当てるよりも、「本当の」セーフ・スペースとは何かを考えることを私たちに促しているのである。

「安全な」学習の場は、支配的な言説——例えば、男性中心主義的な言説、人種差別的な言説、白人至上主義的な言説、ミソジニーの言説——を学習者たちが積極的に使い回して再生産するような場になりうる。そこは、不確かなものを感じること、何かわからない内側の力を感じること、恐れを感じたり、興奮を感じたりすることが極度に抑制された場である。他方で「セーフ・スペース」は、教育者の「力を生み出す、力を与える力」が一人ひとりの学習者を包み込んで守りながらも、彼らが内面のざわめきを感じとり、そのざわめきに意識を働かせられる空間である。そして、自分自身について、あるいは、力が不均衡に分配された社会の諸関係について、そして、誰か特定のラベルをつけられた者が抑圧された状況について、意識化し、新たな知覚を得ていく場所である。その場所では、身体と身体が影響し合い、既存の習慣を変容させていく。

5 情動のコミュニケーションを習慣化する

ニッコリーニは、ドイツの社会学者のロバート・ザイファート（Robert Seyfert）による論文「個人的感情と集合的感情を超えて――社会的アフェクト理論に向けて（Beyond personal feelings and collective emotions: Toward a theory of social affect）」を引用して、「情動の伝わりは、単に外側からの力が身体に働き影響を与えるのではなくて、異なるさまざまな身体が相互に作用し合う多様なあり方を、異なる周波数の情動が調節していくこととして描写できる」としている。[18] またニッコリーニは、イギリスの教育社会学者のジェシカ・リングローズ（Jessica

18 Seyfert, R. (2012). Beyond personal feelings and collective emotions: Toward a theory of social affect. *Theory, Culture, Society 29* (6), 30, quoted in Niccolini. *op. cit.*, p. 234.

Ringrose）の「身体が、新たな異なる方法で相互に作用し合い、また、社会的規範の境界を乱す情動的（affective）な関係性やその力に注意を払わなければならない」も紹介している。[19]

アメリカの文化批評家・哲学者であるローレン・バーラント（Lauren Barlant）やその他の社会理論・社会哲学者らが「衝撃、動揺、共鳴、振動、出会いのさまざまな形式、同期、調律」として論じてきたものは、それぞれ異なる表現ではあるが、ザイファートやリングローズが論じるような身体と身体との相互作用についての理論を示すものであるとニッコリーニは述べる。[20] そして、このように理論化された身体間に見られる衝撃や動揺や共鳴、振動、同期、調律は、「情動的知性（affective intelligences）」とも呼びうる、異なるあり方の知性についての考え方を生み出す潜勢力を持った教育実践である、と論じる。

確かに、私たちが何かに心を動かされる時、あるいは平静が保たれた境界が乱されて衝撃や動揺を受ける時、または、日常のなかで起こるべきと期待していることが裏切られて予想もしなかったものと出合う時に、習慣的な反応は否応なしに中断させられる。だが、習慣的な反応は中断させられるものの、その中断は必ずしも永続するものではない。こうした事態に対し身体が順応してしまえば、最初の効果は失われ、結局、元の習慣的反応が繰り返されることになる。習慣はあまりにも強力に身体化されているものなので、簡単に変えることはできない。たとえ中断しても、あたかも自動化されているかのように再び繰り返されることになる。

先述したキャロリン・ペドウェルは、このような習慣が自動化されてしまったようなプロセスに留意しつつ、空間を共有する身体同士の間に情動が伝わり伝えられるプロセスと、習慣化し習慣化され直すプロセスとが、複雑なあり方で相互作用し合うことは、社会変化を引き起こすうえで大変重要だと指摘している。[21] 繰り返して言えば、情動とはペドウェルの定義を使えば、何か名づけられるような実体として明確にあるわけではないけれども、身体のなかで湧き上がってくるような、あるいは流動的に動いているような感覚的な強度（sensorial intensity）である。名づけられる実体としてあるものが、怒りや、喜び、驚きといった「感情」であるなら、感覚的な強度は、「情動」なのである。[22]

このように大変に広い定義を使うことでペドウェルは、感覚的な強度すなわち「情動」が伝わり伝えられるということは、言葉で表現できるものや意識できるものを越え出ている、すな

19 Ringrose, J. (2013). *Postfeminist education?: Girls and the sexual politics of schooling*. Routledge, p. 112, quoted in Niccolini. ibid. p. 234.
20 Niccolini. ibid. p. 234.
21 Pedwell. *op. cit.*, p. 115.
22 Pedwell, C. (2016). Mediated habits: Images, networked affect and social change. *Subjectivity: International Journal of Critical Psychology 10* (2), pp. 51–52.

わち人間の主体性や意識を超越している、そういうものを指し示すことを意図した。だが、ペドウェルが指摘するとおり、「情動」の最も重要な点は、「情動」は「こと」や「もの」のように実体としてあるのではなくて、身体と身体、身体と環境のなかでの伝わり伝えられる関係性の一つの形であるということである。

学習者は知識を受容して取り込む「マインド」としてのみ教室に存在しているのではなく、身体としても存在している。その身体は意識や知覚を超えたところで情動を伝え合っている。その情動の伝え合いのなかで、日常のリズムに亀裂が入り大きな波が生じた時、教室にざわめきや動揺、衝撃や、共鳴が展開されていく。そして、そのざわめきや動揺や衝撃や共鳴は、私たちの習慣的な反応を中断させる。もちろん、ただ驚かせるようなものに終わる可能性の方が大きい。

他方でペドウェルは、これらのざわめきや衝撃が「思考への衝撃（shock to thought）」となる可能性もあるとする。この場合、ざわめきや動揺や衝撃や共鳴は、「私たちに不本意ながらも批判的な探究を強いる」。それらをもたらした出来事に私たちが背を向けたとしても、私たちと衝撃を「結びつける方法（binding technique）」としても作用しうる、とペドウェルは言う。そして私たちが得た情動がもたらす重大な意味に、「気づき、注意を払い、また、熟考する、すなわち、宿る（inhabit）ことを強いる」のだと論じる。[23]

「宿る」と訳出したinhabitは「居住する、宿る、巣くう」などを意味するが、ペドウェルは、inhabitという語が内包する、「習慣（habit）のなかに（in）にいること」を示していると思われ、さらにはinhabitという語自体が、生物が特定の住環境で生息することを意味していることから、身体から分離された精神としての人間ではなく、身体として生きる人間の側面をも暗示しているようにも見える。

「思考への衝撃」となるような情動は、私たちの身体の内側に残響のように残り続け、熟考を生み出し続ける。ペドウェルはこれを「情動的生息（affective inhabitation）」と名づけている。「情動的生息」においては、情動が「気づき、注意を払い、熟考する」という形で身体のうちに存在し続ける。「思考への衝撃」は、残響として身体の内側に共鳴し続ける情動に注意を払い、いったいそれが何を意味するのだろうか、と思考を働かせることを強いるのである。「情動的生息」という生き方——すなわち身体が受けた衝撃に対して注意を払い、思考をめぐらせ続ける生き方——は、差別を再生産する言説を自らが使い回しているという理解に私たちを導くかもしれない。

23 Pedwell. (2021). *op. cit.*, p. 129.

このような「情動的生息」という生き方が習慣となることを想像してみよう。前章で指摘したとおり、習慣は一度固定されたら永遠に変わらないということはない。プラグマティズム哲学による習慣についての議論の重要な点は、習慣は形成され、形成され直し続けるということであった。そしてそのプロセス自体はつねに、身体とそれを取り囲む社会や自然環境との、継続的な相互作用であるということであった。習慣は個人的なものではないし、個人の行動の限られた範囲を示すものでもない。個人という存在と個人が位置づけられている環境との間で、つねに変化するやりとりのなかで生じるものである。

このプラグマティズム哲学による習慣の議論に、情動理論による「情動的生息」についての議論を導入したらどうだろうか。もし「情動的生息」という生き方が習慣となれば、意識や知覚はつねに情動に媒介されることになるのではないか。そしてこれまでのものの見方や感じ方や理解の仕方は、つねに修正を強いられるのではないか。

教育者が特定の生徒と特別な関係を結んでいると捉えて、多くの学生がジャーナル（振り返りノート）に不満を表明したという、ベル・フックスが紹介していた事例から、このことを考えてみよう。一人の学生に対して教師が特に目をかける教室で、多くの学生たちは最初、これまで順応してきた秩序だった教室とは異なるものを経験した。それにより学生たちは「不確かさ」を感じた。さらに、この「不確かさ」をジャーナルで表明した学生たちをベル・フックスは「どうしてあなたたちは、特定の学生を大事にすることが、みんなの一人ひとりを大事にすることなんだ、って思わないの?」と挑発したことで、さらにいつもとは異なる経験に向き合わされることになった。

学生たちは、安全が確保されているという教室環境——そうした教室環境は社会的マイノリティにとっては自己を否定し続けなければならない環境であり、社会的マジョリティにとっては自らに対する批判的思考をめぐらすことを求められない環境であることを思い起こしてほしい——で、パターン化された習慣的反応にしたがって生きてきた。しかし、ベル・フックスの挑発的な教育実践は、こうしたパターン化された習慣的反応に切れ目を入れた。そして、パターン化された教室のなかのやりとりが存続不可能になった事態を、彼らの身体が不確かさとして感じとったのである。

ベル・フックスの挑発によって、パターン化された見方やふるまい方や考え方に意識を向けた学生たちは、初めて、「自分たちがいかに人間相互の競い合いを教え込まれているか」——「競い合い」が常態となっていて、教師の注目をめぐってもそれはおこなわれていた——、自らの思考に染み込んだ考え方や反応の仕方にも意識を向けたのである。その結果起きた熟考によって、「競い合い」が社会生活の隅々に行き渡って、自らの生き方や考え方や感じ方までも支配していることに気づいたのである。まさに、第3章の最後に触れた「病んだ自己」を養い続けてきたことに、彼ら自身が気づいたのだと言える。
パターン化された見方やふるまい方や考え方に意識が向けられるということは、知覚や、思考や、行為などに染みついた習慣を作り直せる状況がいままさにあらわれているということであり、そのことを私たちが身体を通じて感じとっていることを意味する、とペドウェルは論じる。[24]
ベル・フックスの教室のなかで起こったざわめきや不確かさ、あるいは実習生のクラスのなかで起こった興奮は、しっかりとペダゴジーのなかに受け止められ、教育的に意味ある実践に位置づけられた。そして、こうしたざわめきや不確かさや興奮がもたらす重大な意味に気づいたり、注意を払ったり、熟考したりすることへと、クラス全体が導かれていった。どちらの事例においても、一人の学生または生徒が、「本当の自分」とも言えるような自分として存在できる方法を見出すことができたのである。ここに参加者の「情動的生息」を可能にする環境を生み出す教育者の力を見てとることができる。「もっと良くなろう、健康になろうとする自己」に働きかけることのできる環境を、教育者が生み出しているのである。
とはいえ、私はここで情動的教育実践が支配的な社会関係に大変革を起こすとか、感情を掻き乱すことによって社会変化をもたらすことができると言いたいのではない。「教育者たちよ、情動せよ！」と言いたいわけでも、情動的なコミュニケーションや、情動の交流や、教室内の「情動的生息」を意図的に生み出せと言いたいのでもない。なぜなら意図的に「情動的生息」を持ち込むことは、人々が身体的存在であることを意識したり、人々の間の情動的交流に目を向けたりすることで生み出されるものとは真っ向から対立するからである。そこで、最後に人々の行動を計算され予測された方法で変化させようとするナッジ理論と比較して、情動の介入によって、どんな変化が期待できるのかについて論じたい。

24 Pedwell. (2021). *op. cit.*, p. 129.

終章

女性たちをしばる思考の正体

「おーいビール」と呼ぶお父さんも、「どうぞ」とビールを差し出すお母さんも、すべて権力関係のなかにあって、特定の種類の人に資源や力がより多く振り分けられる現在の社会のあり方を維持したり、再生産したりすることに貢献している。そして、多くの人がその関係性の維持に貢献していることに気づいていない。だから、「女性医師は、出産や子育てで医師として十分に働くことができなくなるから、医学部入試の段階で男性を多く取ろうとするのは仕方ない」とか、「グラビアアイドルたちは好きでああいう仕事をやっているからいいじゃないか」とか「私は一度も差別を受けたことはありません」などといった台詞が、日常の生活のなかで普通に聞かれるのだとも言える。

多様なフェミニズムの考え方があって、このような状況への対応の仕方はさまざまだが、本書はこうした日常の何気ないやりとりやふるまいや独り言のなかで気に留められることもないまま繰り返される「差別」に切り込むための考えや行動の仕方を示してくれるものとして、フェミニズムを捉えてきた。このフェミニズムについての考え方からすれば、職業選択の幅が広がっても、会社のなかの職位をどんどん上り詰めることができるようになっても、女性たちが誰かのためではなく自分のために「かわいい」を追求しても、独身のまま い続けることを選んでも、主婦が趣味から起業しても、これらは決して女性たちを「解放」するものではない。なぜなら、それらは「新自由主義」という考え方によって設計された制度のなかで、人々が頭のなかに据えつけるようになった見方や考え方に支えられた行動やふるまいだからである。そしてその行動やふるまいは、やはり特定の人に資源や力がより多く振り分けられるような、人と人との関係性の維持に貢献しているのである。

フェミニズム教育は、教育の現場で、その方法や教育内容を通して以上のような人と人との関係性が維持され、再生産されていることに対して、批判的な分析をおこなうツールであると同時に、広まってしまった関係性の維持再生産に変化を加えようとする教育実践でもある。日本の教育現場には特に、研究者たちが「脱性別化」と呼ぶ文化が行き渡っているために、教育者も被教育者も「男性」でないことによって被る教育現場でのさまざまな働きかけに対しては無頓着であるし、無頓着な分だけより強力な「二重意識」を生み出し続けている。

「伝統的な性別役割分担」の価値観や、「新自由主義」の合理性や、「異性愛主義」や、「男性中心主義的な考え」に基づいた明白で暗黙な働きかけが、教育者に見過ごされていれば、教室は、どんなに楽しそうに見えても、調和がとれているように見えても、安全で安心できる場所ではない。このような環境は、子どもたちの「なんで?」とか「もやもやする」「ざわざわする」とか、ある出来事に「衝撃」を受けて生まれる言葉にならない気持ちや感覚を押し殺すだけでなく、そもそもこのような気持ちを生じさせないようにする習慣を身につけさせる。まさに気持ちや「感覚」を押し殺し、それらを生じさせない習慣を身につけさせる環境こそが、現にある権力の関係性を維持するのである。

フェミニズム教育は、このような「感覚」に分け入って考えることを促す教育である。教室に参加する人たちの間の情動の交流を大事にする教育である。なぜならこのような情動の交流のなかで生じる「感覚」に分け入って考えることは、「ざわざわ」や「もやもや」、言葉にならない気持ちや感覚に言葉を与えようということであり、これまでとは違ったやり方で物事を知覚するようになる可能性を持つものだからだ。新たな知覚は新たな習慣を、新たな習慣は新たな行動を生み出して、人々の新たな行動は新たな価値観で動く社会関係を支えるものとなる。

ナッジ理論の限界

情動の交流を大事にする教育を経て習慣を変えようとする試みは、先に望ましい行為を想定して、その行為を人々が習慣化して自然におこなうように道筋を準備する試みとは異なる。前者には知性が関わるが、後者に知性は関わらない。「ざわざわ」や「もやもや」、言葉にならない感覚に言葉を与えようと熟考する行為は、極めて知性的な行為である。計算され予測された方法で人々の習慣を変えるナッジ理論という行動科学の手法と比較すると、情動的コミュニケーションの知性的な側面が明らかになる。

ナッジ理論という行動科学の手法は、人々の行動変化を促す社会政策や経済政策において、望ましい行動を人々から引き出して習慣化させようとする考え方である。例えば、「健康的な食生活をしましょう」とスローガンを書いたポスターを貼ったり啓発活動をおこなったりするよりも、食堂でより健康的な食べ物を、目立つところや手に届きやすいところに置くようにした方が、望ましい結果を生み出しやすい。あるいは、レジの前の床に矢印を引くことで、人々は、言われなくとも整列するようになる。

ナッジ理論とは、報酬や罰を与えて人々を特定の行動をするようにしたがわせるのではなくて、特定の環境を作り上げて、人々が「選ぶべきもの」をあたかも自分で選んでいるかのように促すものである。ちなみにナッジ（nudge）とは「何かに人の注意を向けるために、肘でそっと突く」ことを意味する英語である。つまり、「より良い」方向へと人々が自ら行動を変容させることができるようにそっと促す、ということがナッジの手法である。人々はこの場合、知らず知らずのうちに特定の行動をするように後押しされているのであり、外側から強制力を持って（例えば、報酬や罰によって）特定の行動をするようにしたがわされているのではない。その意味で、ナッジの手法では、人々は自ら選択して特定の行動を選んでいるのである。[1]

もしかしたら、ナッジの手法を応用して行動科学的な観点から簡単な介入をおこない、人々の性差別的な慣行や習慣を変えることができるかもしれない。しかし、ことはそれほど簡単ではないだろう。確かに、ナッジの手法を利用すれば、特定の閉ざされた環境（例えば、カフェテリアやコンビニなど）で、いつもとは異なる、より望ましい行動を人々がとる可能性は増す。だが、これまで多くの論者が指摘してきたように、より深いレベルでの特定の行動パターンに対して、ナッジの手法によって根本的に対処することはほぼ不可能であるし、新たな、より永続する習慣や傾向を育むことに役立つという強い証拠もない。[2] 実際ペドウェルは、ナッジ理論は「さまざまに異なる範囲の社会的課題に横たわる構造的な要素に対処することも、『後押しされる』異なる主体の間での違いや、それぞれの心理的で社会的な歴史や経験に対処することもない」と論じる。[3]

ナッジ理論に限らず、社会変化を起こそうとする時、先手を打って倫理的な「善」や「悪」を示すことはできない。第4章で論じたが、ポストフェミニズムの論者たちは、女子生徒たちが教室でセクシュアリティを強調することを社会規範への抵抗とみなした時、彼女たちによるセクシュアリティの強調が新自由主義にからめとられてしまうだろうとは思ってもいなかった。結果的に女子生徒たちの「抵抗」や「葛藤」は、女らしさをさらに強調することへと彼女たちを追い込んだ。第2章で見た若い女性たちのプリクラ風写真に表現されるように、さまざまなバージョンで同一のものを生み出し続けると同時に、消費主義と新自由主義のイデオロギーで、自分自身をさらに厳格に統治する主体を生み出しただけなのだ。男性たちと同じ地平に立って自由と選択を手に入れた女性たちは、新自由主義のイデオロギーにどっぷりと浸かることになったのである。

自らが確信を持って何かをおこなっている時でも、それに伴って実際に何が起こっているかという変化を正確に感じるのは不可能である。だから、どのような変化をもたらしたいのかという目標を事前に定めるよりも、むしろ、変化をその時々において見極める作業の方がもっと重要になる。そして、その見極めを可能にするためには、自分はいったい何者なのかということ

1 Thaler, R. H. & Sustein, C. R. (2008). *Nudge: Improving decisions about health, wealth and happiness*. Yale University Press.

2 Pedwell, C. (2017a). Habit and the politics of social change: A comparison of nudge theory and pragmatist philosophy. *Body and Society*, *23* (4), pp. 59–94.

3 ibid., p. 77.

とに意識を働かせていなければならない。つまり、「意識化」がやはり鍵となる。自分の習慣的な応答や習慣的なふるまい、それが自分や他者に対して実際に生み出していることの意味を慎重に分析することが、「意識化」の中心であると言っていいのかもしれない。そのうえで、「ざわざわ」や「もやもや」、「衝撃」を受けて生まれる言葉にもならないような「感覚」がもたらす意味を、慎重に分析するのである。これをニッコリーニは「情動的知性」と呼んでいるのである。

情動への期待

意識的な出来事に情動を導入することで、事前に理想を想定しない変化への向き合い方が可能となる。情動に向き合うこととは、身体同士の情動的コミュニケーションのリズム変化を抑制せず、敏感に汲みとって思考のなかに取り入れ、熟考することを意味する。そしてその熟考が、自分や他者についての新たな言葉を生み出したり、社会関係についての新たな価値や見方を生み出したりする可能性を示す。情動が感情のような実体ではなくて、「ざわざわ」や「もやもや」や言葉にならないような感覚であるとすれば、さらには情動が影響し影響される身体が持つ力でもあるとしたら、情動が生じていることや自分自身や他者のことについて、どのような新たな知覚を生み出すかは事前に説明できないだろうし、事前に計算して生じさせることもできない。したがって情動に向き合うこととは、予測不可能で、また計算して生じさせることのできない社会変化を受け入れるということにもなる。

情動は、思いがけなく生まれ出ることを評価できる姿勢を求める。ナッジの手法が求めるような事前に想定できる変化は、何が変化するかということへの理解やそれについての表現を含めて、すでにある言葉で説明できるような変化である。そのような変化は規範的で支配的な表現を繰り返しているにすぎない。私たちは変化を求める時、大抵の場合、すでにある優劣や善悪の基準に則った理想を想定する。しかし、事前に目的を設定する態度は、言葉では説明できないが確実に起こっている変化に対する感度を鈍らせる。カナダの哲学者であるエリン・マニング（Erin Manning）が論じるとおりに、変化の背後にあって息づいているような小さなものを感知する能力を鈍らせるのである。[4]

私たちは、身体的な存在である。身体的な存在であるが故に、情動を伝え伝えられることを常時おこなっている。その伝え合いのなかでの控えめな変化に目を凝らすことを、私たちは求

4 Manning, E. (2016). *The minor gesture*. Duke University Press.

められているのかもしれない。いま私たちの身体に起きている感覚的な経験のなかでしっかりと生きることを通して、既存の習慣や傾向性がつねに作り直されていること、また、私たちの知覚や行為がつねに変化の過程にあるということに気づくように私たちの感覚は研ぎ澄まされていく、とペドウェルは論じている。[5]

「より永続的な社会政治的な変化は、（中略）私たちの小さく控えめな情動的な応答や、相互作用や、身振りや、習慣の蓄積、残響、再形成を通して現れる」

私たちは教室で、このような小さく控えめだけれども、それがのちにより永続的な社会政治的な変化としてあらわれる可能性があるような、情動の伝え合いを感じることができるように、身体の力を研ぎ澄ませることが求められているのかもしれない。

教育者が生み出すセーフ・スペース

フェミニズム教育とは、教室の参加者たちに（教育者の側であろうと、教わる側であろうと）自らの「二重意識」に切り込んで、自分の言動や思考や感情が権力関係を流通させる言葉によって成り立っていることを意識させるものである。そして、フェミニズム教育は、教わる側が自らを限定づけたり、否定したり、抑圧したりするような言葉に基づいて思考したり、感じたり、言動したりするように導いてしまう教室のなかのコミュニケーションを変えようとするものである。

どんな将来を思い描く「べき」なのか、何が成功で何が失敗なのか、教室のコミュニケーションによって提示される「ものさし」は、子どもたちの欲求にまでも働きかける。その結果、その「ものさし」の基準に当てはまらない自分自身に対して、「恥ずかしさ」や「怒り」や「情けなさ」、「カッコ悪さ」などを自然に感じるようになる。だから、子どもたち自身が「ものさし」に合わせて自然と自己をコントロールするようにする。

多くの教室において、子どもたちは、社会が提示し教師が企図する「成長」や「学び」を求められ、その結果、これらの「成長」や「学び」のものさしで自己や他者を測り、自分や他者を否定する言葉、抑圧する言葉を身につけていく。学校では、自分や他者を否定する、抑圧する言葉で考えたり、感じたりすることを習慣とさせていくような教育的なコミュニケーションがおこなわれているのである。

子どもたちは教室で過ごす時間が長くなるにつれて、自分がますます制限されてしまう。自

---

5 Pedwell, C. (2021). *Revolutionary routines: The habits of social transformation*. McGill-Queen's University Press, p. 132.

分の何かをますます抑圧しなければならなくなる。そして教育者たちも、子どもたちの自己抑圧が起こっている教室内の出来事に参加している。第5章で見たとおり、公の場において女性が「沈黙」する習慣を身につけていく過程に「かくれたカリキュラム」が働いていた。教育者も子どもたちも笑いやからかいや強制など、さまざまなコミュニケーションを通して、その過程に参加しているのである。

否定や抑圧を生み出し、習慣とさせる教育的コミュニケーションは、現在の日本の学校教育実践の基盤となっている特定のペダゴジー（教育実践や教育方法）から生み出されているものである。フェミニズムは、この特定のペダゴジーとは異なるペダゴジーを描く。フェミニズムが描くペダゴジーとは、子どもたちが、これから成ろうとしているもの――それはまだ「言葉」として存在していないかもしれないし、現代の社会が求めているものでは「評価」できないかもしれない――を肯定するペダゴジーだ。

そしてそのペダゴジーを可能にするのは、現在の権力関係や新自由主義の合理性を基盤とする言葉でできあがった特定のものさしを押しつけたり、それによって評価したりする教育者ではなく、情動的なコミュニケーションが引き起こすかもしれない困難を引き受けながら、教室に情動を喜んで迎え入れる、そういう力を持った教育者である。そういう教育者と子どもたちとが、押しつけられ当たり前となってしまった、誰かがいつも得をするような、そしていつも誰かを否定したり傷つけたりするような、そんな支配的価値観を変えるかもしれない。そういう「教育的な」コミュニケーションに恐れずに臨んでいる状況、そういう「教育的な」コミュニケーションをともに生み出している状況こそが「セーフ・スペース」なのである。

「セーフ・スペース」は場所ではない。身体化された習慣を変えてしまうかもしれないほどに、教育者の力が熱く伝わっている、そういう状況が「セーフ・スペース」なのである。

「セーフ・スペース」では、子どもたちを追い立て、彼らに正しい感情を教え込み、特定の「トラック（競争路）」を彼らが走り続けるようにする教室内のコミュニケーション自体に、そのようなコミュニケーションを成り立たせている自らが発する言葉自体に、自らのふるまいに、自らの感情に、教育者は「批判意識」を向ける。子どもたちのうちの誰かの身体が発している「ざわざわ」や「もやもや」を見過ごさず敏感に捉える。そして「ざわざわ」や「もやもや」を引き起こしているものに、その子どもあるいは子どもたちと一緒に目を凝らし、考える。「ものさし」が与える言葉とは違う言葉にしようともがいてみる。「セーフ・スペース」には、「それが当たり前」とか「仕方がない」とか「こうあるべき」という言葉自体に居場所はない。それらを否定して、新たな価値観や文化を生み出そうと教育者が苦しむ。そして教育者が子どもとともにもがく行為自体に、子どもたちが肯定されていく。こんなことができる教師に出会ってみたいと思う。

教室から編みだすフェミニズム

文部科学省が定める『幼稚園教育要領』や各学校段階の『学習指導要領』では、各学年で取り扱う内容やねらいなどが明記されている。また教師たちは、教職課程に在籍するうちから『幼稚園教育要領』や『学習指導要領』の記述にしたがって、各学校や各学年、各学級の一年間のカリキュラムや各単元、一つの授業時間の学習指導案を作成する訓練を受ける。学習指導案には単元のねらい、特定の授業時のねらいを明記する。教師の働きかけに対して予想される子どもの反応もあらかじめ記述していく。

『幼稚園教育要領』や『学習指導要領』に表現される人間についての見方や、その人間に求められる能力は、既存の言葉の領域を越え出ることはない。伝統的な異性愛主義的な家族像や性別役割分担の価値観に、リベラリズムのジェンダー観や、新自由主義の能力観についての考え方が混ぜられて作り上げられたものでしかない。時々出てくる多様性は、あくまでも現状を脅かさない程度に認められているにすぎない。

『幼稚園教育要領』や『学習指導要領』のアイデアを、教室で実際の教育実践へと具体化するのが教育者たちである。教育者たちはアイデアを具体化する過程で、彼らが持ついまの社会のあり方を支える優勢な価値観を無意識に子どもたちに挿入する。教育実践に自らの無意識の差別や偏見や、特定の能力観を入れ込むのだ。

この具体化される過程こそ見過ごされるべきではないし、この過程においてこそ、フェミニズム教育を実践する教育者は、「意識化」や「批判」を働かせるべきである。

フェミニズム教育を実践する教育者は、教室が、情動が常時交流する空間であることを知っている。事前の予想を超える何かが起こりうる空間であることを知っている。子どもたちが「ねらい」に示されたこととは全く異なる「力」を秘めていることを知っている。「批判意識」は、「批判意識」を実践する教師のほんのちょっとした「身振り」や「言動」を通して子どもたちに伝わっていく。情動の交流によって教室のなかで起こる変化に、教育者は心を留める。偶発的な変化に心を留める。そうした教育者の行為が、例えば、一人の子どもの自己認識の基盤となる言葉を「どんくさい」とは異なる言葉に変えるかもしれない。あるいは、一人の子どもの自己認識の基盤となる言葉を「かわいい」とは異なる言葉に変えるかもしれない。あるいは「みんなと違う」「私は変」「おかしい」とは異なる言葉に変えるかもしれない。そうした子どもが身体で感じていることにもっと近い言葉で、自分をもっと解き放つ言葉で自分を理解することを可能にするかもしれない。この積み重なりが、さざ波のように伝わって、別の習慣を、別の見方を社会に広めていく。

参考文献一覧

Adichie, C. N. (2014). *We should all be feminists. Fourth Estate.* (チママンダ・ンゴズィ・アディーチェ『男も女もみんなフェミニストでなきゃ』〈くぼたのぞみ訳〉河出書房新社、２０１７年)

Ahmed, S. (2010). *The promise of happiness.* Duke University Press.

Alderman, N. (2017). *The power.* Penguin Books. (Original work published 2016)

Alias Grace, CBC Television, September 25-October 30, 2017, Netflix. https://www.netflix.com/title/80119411 (最終閲覧日：２０２３年６月１日)

Atwood, M. (1996). *Alias Grace.* McClelland & Stewart. (マーガレット・アトウッド『またの名をグレイス』上・下〈佐藤アヤ子訳〉岩波書店、２０１８年)

Bourdieu, P. (1977). *Outline of theory of practice* (R. Nice, Trans.). Cambridge University Press. (Original work published 1972)

Brown, W. (2015). *Undoing the demos: Neoliberalism's stealth revolution.* Zone Books.

Cameron, D. (2019). *Feminism: A brief introduction to the ideas, debates, and politics of the movement.* The University of Chicago Press.

Dewey, J. (1981). Experience and nature. In Boydston, J. A. (Ed.), *The later works, 1925-1953, vol. 1: 1925.* Southern Illinois University Press. (Original work published 1925)

Dewey, J. (1983). Human nature and conduct. In Boydston, J. A. (Ed.), *The middle works, 1899-1924, vol. 14:1922.* Southern Illinois University Press. (Original work published 1922)

Farrell, W. (2019). "Boy crisis" threatens America's future with economic, health and suicide risks. *USA Today.*

https://www.usatoday.com/story/opinion/2019/04/07/males-risk-boy-crisis-identity-america-future-addiction-suicide-column/3331366002/ （最終閲覧日：２０２３年５月３日）

Foucault M. (2010). What is an author? In Rabinow, P. (Ed.), *The Foucault reader* (pp. 101-120). Vintage Books. (Original work published 1984)

Foucault, M. (2010). What is enlightenment? In Rabinow, P. (Ed.), *The Foucault reader* (pp. 32-50). Vintage Books. (Original work published 1984)

Friedan, B. (2001). *The feminine mystique*. W. W. Norton. (Original work published 1963) （ベティ・フリーダン『新しい女性の創造　改訂版』〈三浦冨美子訳〉大和書房、２００４年）

Gill, R. (2007). Postfeminist media culture: Elements of a sensibility. *European Journal of Cultural Studies, 10* (2), 147-166.

Gill, R. & Scharff, C. (2011). Introduction. In Gill, R.& Scharff, C. (Eds.), *New femininities: Postfeminism, neoliberalism and subjectivity* (pp. 1-17). Palgrave Macmillan.

Harvey, D. (2007). *A brief history of neoliberalism*. Oxford University Press.

hooks, b. (1989). *Talking back: Thinking feminist, thinking black*. South End Press.

hooks, b. (2000). *Feminist theory: From margin to center, second edition*. South End Press. (Original work published 1984) （ベル・フックス『ベル・フックスの「フェミニズム理論」――周辺から中心へ』〈野崎佐和、毛塚翠訳〉あけび書房、２０１７年）

hooks, b. (2000). *Feminism is for everybody: Passionate politics*. South End Press. （ベル・フックス『フェミニズムはみんなのもの――情熱の政治学』〈堀田碧訳〉新水社、２００３年）

hooks, b. (1994). *Teaching to transgress: Education as the practice of freedom*. Routledge. （ベル・フックス『とびこえ

よ、その囲いを——自由の実践としてのフェミニズム教育』〈里見実監訳〉新水社、２００６年＝『学ぶことは、とびこえること』ちくま学芸文庫、２０２３年）

hooks, b (2009). *Teaching critical thinking: Practical wisdom*. Routledge.

hooks, b. (2014). *Teaching to transgress today: Theory and practice in and outside the classroom*. https://youtube.com/watch?v=m_9OgVs19UE（最終閲覧日：２０２２年7月17日）

James, W. (1920). To Mrs. James. In James, H. (Ed.), *The letters of William James, vol. 1*(pp. 199-200). The Atlantic Monthly Press.

James, W. (1981). *The principles of psychology vol. 1 & 2*. Harvard University Press. (Original work published 1890)

James, W. (1992). The gospel of relaxation. In Myers, G. E. (Ed.), *William James, writings 1878-1899* (pp. 825-840). Library of America. (Original work published 1899)

Kantor, J., & Twohey, M. (2019). *She said: Breaking the sexual harassment story that helped ignite a movement*. Penguin Random House LLC.（ジョディ・カンター、ミーガン・トゥーイー『その名を暴け—— #MeToo に火をつけたジャーナリストたちの闘い』〈古屋美登里訳〉新潮社、２０２０年）

Kennedy, E. L. (2000). Dreams of social justice: Building women's studies at the State University of New York. In Howe, F. (Ed.), *The politics of women's studies: Testimony from 30 founding mothers* (pp. 243-263). The Feminist Press.

Lewis, H. (2021). *Difficult women: A history of feminism in 11 fights*. Vintage.

Lorde, A. (1984). The master's tools will never dismantle the master's house. In Lorde, A. *Sister outsider: Essays and speeches* (pp. 110-113). Crossing Press.

Manning, E. (2016). *The minor gesture*. Duke University Press.

Massumi, B. (2021). *Parables for the virtual: Movement, affect, sensation (Twentieth anniversary edition)*, Duke University Press. (Original work published 2002)

McLeod, J. (2009). What was poststructural feminism in education? In Apple, M. W., Au, W., & Gandin, L. A. (Eds.), *The Routledge international handbook of critical education* (pp. 137-149). Routledge.

McRobbie, A. (1978). Working class girls and the culture of femininity. In Centre for Contemporary Cultural Studies Women's Group. (Ed.), *Women take issue: Aspects of women's subordination* (pp. 96-108). Hutchinson.

McRobbie, A. (2009). *The aftermath of feminism: Gender, culture, and social change*. Sage.

McRobbie, A. (2011). Preface. In Gill, R.& Scharff, C. (Eds.), *New femininities: Postfeminism, neoliberalism and subjectivity* (pp. xvii-xxi). Palgrave Macmillan.

Niccolini, A. (2016). Animate affects: censorship, reckless pedagogies, and beautiful feelings. *Gender and Education, 28* (2), 2016, 230–249.

OECD. (2022). Gender wage gap (indicator). doi: 10. 1787/7cee77aa-en https://data.oecd.org/chart/76Ju. （最終閲覧日：２０２３年６月４日）

OECD. (2022). Table B4.1. Profile of new entrants to short-cycle, bachelor's, master's levels and of first-time entrants into tertiary education. In *Education at a glance: OECD indicators 2022*. https://www.oecd-ilibrary.org/sites/3197152b-en/1/3/3/4/index.html?itemId=/content/publication/3197152b-en&_csp_=7702d7a2844b0c49180e6b095bf85459&itemIGO=oecd&itemContentType=book#tablegrp-d1e16083 （最終閲覧日：２０２３年６月１日）

Oxford English Dictionary. (n.d.). https://www.oed.com/ （最終閲覧日：２０２３年６月１日）

Pedwell, C. (2017a). Habit and the politics of social change: A comparison of nudge theory and pragmatist philosophy. *Body and Society, 23*(4), 59-94.

Pedwell, C. (2017b). Mediated habits: Images, networked affect and social change. *Subjectivity: International Journal of Critical Psychology, 10*(2), 147-169.

Pedwell, C. (2021). *Revolutionary routines: The habits of social transformation*. McGill-Queen's University Press.

Ringrose, J. (2013). *Postfeminist education?: Girls and the sexual politics of schooling*. Routledge.

Ringrose, J. & Epstein, D. (2017). Postfeminist educational media panics, girl power and the problem/promise of 'successful girls.' In Peters, M. A. et al. (Eds.), *A companion to research in teacher education* (pp. 385-399). Springer.

Rose, N. (1999). *Governing the soul: The shaping of the private self, second edition*. Free Association Books.（ニコラス・ローズ『魂を統治する——私的な自己の形成』〈堀内進之介、神代健彦監訳〉以文社、２０１６年）

Sandberg, S. (2013). *Lean in: Women, work, and the will to lead*. Alfred A. Knopf.（シェリル・サンドバーグ『LEAN IN（リーン・イン）女性、仕事、リーダーへの意欲』〈村井章子訳〉日本経済新聞出版社、２０１３年）

Seyfert, R. (2012). Beyond personal feelings and collective emotions: Toward a theory of social affect. *Theory, Culture & Society, 29* (6), 27-46.

Sullivan, S. (2006). *Revealing whiteness: The unconscious habits of racial privilege*. Indiana University Press.

Thaler, R. H. & Sustein, C. R. (2008). *Nudge: Improving decisions about health, wealth and happiness*. Yale University Press.

Toraiwa, T. (2009). *Enabling empowerment: Students, instructors, and the circulation of caring in a women's studies program at a university in the United States* [Unpublished doctoral dissertation]. University at Buffalo, SUNY.

Toraiwa, T. (2009). Empowerment and the construction of a safe space in a women's studies classroom. *Educational Studies in Japan: International Yearbook No.4*, 67-78.
Weaver-Hightower, M. (2009). Masculinity and education. In Apple, M. W., Au, W., & Gandin, L. A. (Eds.), *The Routledge international handbook of critical education* (pp. 163-176). Routledge.
Weiler, K. (1988). *Women teaching for change: Gender, class and power.* Bergin & Garvey Publishers, Inc.
Williams, Z. (Nov 3, 2017). Alias Grace: An astonishingly timely portrait of the brutality of powerlessness. *The Guardian.* https://www.theguardian.com/tv-and-radio/tvandradioblog/2017/nov/03/alias-grace-an-astonishingly-timely-portrait-of-the-brutality-of-powerlessness（最終閲覧日：２０２３年６月１日）
浅井幸子、黒田友紀、杉山二季、玉城久美子、柴田万里子、望月一枝編著『教師の声を聴く——教職のジェンダー研究からフェミニズム教育学へ』学文社、２０１６年
朝日新聞（社説）「東京医大入試　明らかな女性差別だ」『朝日新聞』２０１８年８月３日、https://digital.asahi.com/articles/DA3S13618927.html（最終閲覧日：２０２３年６月１日）
阿部彩「貧困の長期的動向：相対的貧困率から見えてくるもの」科学研究費助成事業（科学研究費補助金）（基盤研究〈B〉）『「貧困学のフロンティアを構築する研究」報告書』２０２１年、https://www.hinkonstat.net/（最終閲覧日：２０２３年６月１日）
天野正子他編『新編　日本のフェミニズム　８　ジェンダーと教育』岩波書店、２００９年
飯田麻結「感情／情動のポリティクス」『現代思想』48（４）、青土社、２０２０年、２１８－２２８頁
井上輝子『新・女性学への招待——変わる／変わらない女の一生』有斐閣、２０１１年
上野千鶴子編『キャンパス性差別事情——ストップ・ザ・アカハラ』三省堂、１９９７年
上野千鶴子他『バックラッシュ！——なぜジェンダーフリーは叩かれたのか？』双風舎、２００６年

上野千鶴子『生き延びるための思想 新版』岩波書店、2012年
上野千鶴子『女たちのサバイバル作戦』文藝春秋、2013年
NHK首都圏ナビ「都立高校入試の〝男女別定員制〟同じ点数なのに女子だけ不合格？」2021年3月25日、https://www.nhk.or.jp/shutoken/wr/20210325.html（最終閲覧日：2023年6月1日）
江原由美子『増補 女性解放という思想』筑摩書房、2021年
大理奈穂子、栗田隆子、大野左紀子著、水月昭道監修『高学歴女子の貧困――女子は学歴で「幸せ」になれるか？』光文社、2014年
岡野八代『フェミニズムの政治学――ケアの倫理をグローバル社会へ』みすず書房、2012年
亀田温子、舘かおる編著『学校をジェンダー・フリーに』明石書店、2000年
片田孫朝日「体育指導における性別カテゴリーの使用――高校体育の持久走授業の場面記述から」『スポーツとジェンダー研究』6巻、2008年、30-41頁
菊地夏野「キャンパス・セクシュアル・ハラスメントの困難――ホモソーシャルな大学」『女性学年報』23号、2002年、71-89頁
菊地夏野「ポストフェミニズムと日本社会――女子力・婚活・男女共同参画」越智博美、河野真太郎編著『ジェンダーにおける「承認」と「再分配」――格差、文化、イスラーム』彩流社、2015年、67-88頁
菊地夏野『日本のポストフェミニズム――「女子力」とネオリベラリズム』大月書店、2019年
菊地夏野、河野真太郎、田中東子「分断と対峙し、連帯を模索する――日本のフェミニズムとネオリベラリズム」『現代思想 2020年臨時増刊号 総特集フェミニズムの現在』48（4）、青土社、2020年、8-25頁
木村涼子『学校文化とジェンダー』勁草書房、1999年
木村涼子編『リーディングス 日本の教育と社会 16 ジェンダーと教育』日本図書センター、2009年

木村涼子、古久保さくら編著『ジェンダーで考える教育の現在――フェミニズム教育学をめざして』解放出版社、2008年
厚生労働省「令和2年賃金構造基本統計調査 結果の概況」2020年、https://www.mhlw.go.jp/toukei/itiran/roudou/chingin/kouzou/z2020/index.html（最終閲覧日：2023年6月1日）
河野真太郎『戦う姫、働く少女』堀之内出版、2017年
小山静子『戦後教育のジェンダー秩序』勁草書房、2009年
マイラ・サドカー、デイヴィッド・サドカー『「女の子」は学校でつくられる』（川合あさ子訳）時事通信社、1996年
里見実『パウロ・フレイレ「被抑圧者の教育学」を読む』太郎次郎社エディタス、2010年
ジャン＝ポール・サルトル『存在と無――現象学的存在論の試み』2巻（松波信三郎訳）筑摩書房、2007年
『ジーニアス英和辞典』第3版、大修館書店、2001年
千田有紀、中西祐子、青山薫『ジェンダー論をつかむ』有斐閣、2013年
石楿《ソクヒャン》『ジェンダー・バックラッシュとは何だったのか――史的総括と未来へ向けて』インパクト出版会、2016年
竹村和子『フェミニズム』岩波書店、2000年
W・E・B・デュボイス『黒人のたましい』（木島始、鮫島重俊、黄寅秀訳）岩波書店、1992年
マリー・デュリュ＝ベラ『娘の学校――性差の社会的再生産』（中野知律訳）藤原書店、1993年
東洋経済新報社「会社とジェンダー――ファクトとデータで考える日本企業の大問題」『週刊東洋経済』2021年6月12日号
虎岩朋加「女性の教育と社会参画――隠れた格差と向き合う」早川操、伊藤彰浩編『教育と学びの原理――変動する社会と向き合うために』名古屋大学出版会、2015年、167-179頁
虎岩朋加「かくれたカリキュラム、習慣、ジェンダー――プラグマティズムからのアプローチ」『教育学研究』2022

年第89巻4号、579-589頁
内藤和美「あらためて『男女共同参画社会形成』、『女性の活躍促進』を問う」（立教大学ジェンダーフォーラム2015年度公開講演会）『立教大学ジェンダーフォーラム年報』17号、2015年、5-26頁
内藤和美「目的か手段か？――ジェンダー政策課題は、いかに設定されてきたのか」『女たちの21世紀』no.96、2018年、10-14頁
直井道子、村松泰子編『学校教育の中のジェンダー――子どもと教師の調査から』日本評論社、2009年
中西祐子『ジェンダー・トラック――青年期女性の進路形成と教育組織の社会学』東洋館出版社、1998年
原ひろ子編『女性研究者のキャリア形成――研究環境調査のジェンダー分析から』勁草書房、1999年
リサ・フェルドマン・バレット『情動はこうしてつくられる――脳の隠れた働きと構成主義的情動理論』（高橋洋訳）紀伊國屋書店、2019年
パウロ・フレイレ『新訳 被抑圧者の教育学』（三砂ちづる訳）亜紀書房、2011年
毎日新聞「大阪府立高『男女比』廃止9年」上・下、『毎日新聞』2021年8月4、5日
松井久子編『何を怖れる――フェミニズムを生きた女たち』岩波書店、2014年
ハンナ・マッケン他著『フェミニズム大図鑑』（最所篤子、福井久美子訳）三省堂、2020年
三浦玲一「ポストフェミニズムと第三波フェミニズムの可能性――『プリキュア』、『タイタニック』、AKB48」三浦玲一、早坂静編著『ジェンダーと「自由」――理論、リベラリズム、クィア』彩流社、2013年、59-79頁
宮崎あゆみ「ジェンダー・サブカルチャーのダイナミクス」木村涼子編『リーディングス 日本の教育と社会 16 ジェンダーと教育』日本図書センター、2009年、122-140頁
若桑みどり他編著『「ジェンダー」の危機を超える！――徹底討論！ バックラッシュ』青弓社、2006年

あとがき

この4月に姪の一人が小学校に入学した。入学式のために特別に準備されたよそ行きの服を着て、誇らしげな顔をして写真に写っている。入学式に出かける前に撮影されたものだ。背筋をまっすぐに伸ばし、顎《あご》をキュッと上げて、目を輝かせてカメラを見ている。

その直後、入学式での写真では、彼女の目のなかに同じ輝きを見ることはできない。校長先生、教頭先生が前列に座っているその背後に、彼女は級友と並んで立っている。入学式会場へ入っていく写真では、他の子どもたちと一列に並びながら、彼女は不安そうな顔でカメラの方を見ている。教室での写真では、教卓に向かって並ぶ机の列、その一番前の列、中央の席に座り、唇を少し内側に入れて先生を見つめている。机の上には、他の子どもたちの机の上に置かれているものと全く同じものが置かれている。茶封筒の横に、緑色のお道具箱、その上には黄色の帽子だ。

小学校に入学した最初の一日に撮影された写真のなかの彼女の顔に写し出される何とも言えない不安を、私はどのように捉えたらいいのだろうか。姪はこれから、教室のこの小さな机に象徴されるような学校生活をおくるのであろう。これまで、どんなことに対しても好きな時に好きなだけエネルギーを注いできた姪は、これからは、多くの時間をこの机で過ごし、他の子どもたちと同じことをおこない、他の子どもたちと同じものを持って、他の子どもたちと同じようになっていくための教育を受けていく。自分の好きな方向を向くのではなく、求められていく方向を向いていくように、外から内から働きかけられていく。そして求められている方向へ、自ら進んで向くようになっていくのだろう。

彼女の顔に笑顔が見られないのは、彼女の全身がこれからその身に起こることを感じとっているからかもしれない。合図にしたがって、立ったり座ったり歩いたりしなければならないのだろうということ、みんなと同じように机に座るとされていることや、ずっと座っていなくてはいけないようだということ、先生が話している時は黙って先生を見ていなければならないのだろうということ。これらに限らず学校が、社会が求めるふるまいや感情や考え方を、これから彼女の身体は覚えていくのだろう。小学校での最初の一日の写真は、これから始まる学校や教室という空間で彼女の身体が体験するすべてのことを、彼女の身体がすでに感じとっている様子を写しとっているのかもしれない。

姪の写真を見た私には、また一人の女の子が同じような経験をしていくのだ、女の子であるだけでいろいろな重荷を背負わされていくのだ、いろんなことを仕方がないと思ってあきらめていくのだという思いがある。だがもしかしたら、彼女は全く違う経験をすることになるのかもしれないという思いもある。もしかしたら、「どんくさい」といったような自分自身を否定する言葉や制限する言葉から解き放つ力を教育は持っているかもしれないのだから。

最初に本書の出版を予定していた出版社の編集をご担当いただいたのは内田朋恵さんであった。内田さんは、人を、そして社会を解放する力を教育に見たいと思っているのだろう。まだ絶望するには早すぎる。まだまだ私たち大人にはできることがある。そういう思いを強く持っていらっしゃるのだろうと思う。その思いを私も共有している。

教育には大きな力がある。その力は「制限して強制する」力、結果的に多くの子どもたちに抑圧を感じさせる力になりうる。その一方で教育の力は「力を与え、力を生み出す」力にもなりうる。後者の力を教育は実践していかなければならない。内田さんと私は教育の力に対する思いを共有して、フェミニズム教育を描いてみようと試みた。内田さんは本書の企画の段階から原稿完成までずっと伴走してくださった。心から感謝申し上げたい。

そして私たちの思いを引き継いでくださった大月書店、編集を担当していただいた角田三佳さんに心からお礼申し上げる。

虎岩朋加

2023年8月

★第6章はＪＳＰＳ科研費 JP20H01638の助成を受けたものである。

著者
虎岩朋加（とらいわ ともか）
1976年愛知県名古屋市生まれ。名古屋大学大学院教育発達科学研究科単位取得退学、ニューヨーク州立大学バッファロー校教育学研究科博士課程修了。Ph.D. in Social Foundations。名古屋大学国際協力推進本部特任講師、名古屋大学大学院教育発達科学研究科助教、敬和学園大学人文学部英語文化コミュニケーション学科准教授を経て、現在、愛知東邦大学教育学部子ども発達学科准教授。教職課程担当。専門は、教育学、社会哲学。ジェンダー、フェミニズムを中心において教育理論研究を行っている。共著に、「教室内での排除と差別――ジェンダー・セクシュアリティの観点から」佐藤隆之・上坂保仁編著『市民を育てる道徳教育』（勁草書房、2023年）、「ジョン・デューイのフェミニズム――『民主主義と教育』から考える」日本デューイ学会編『民主主義と教育の再創造――デューイ研究の未来へ』（勁草書房、2020年）などがある。

イラスト　境　直子

装丁　山原　望

教室から編みだすフェミニズム
――フェミニスト・ペダゴジーの挑戦

2023年10月18日　第1刷発行

定価はカバーに表示してあります

著者　虎　岩　朋　加
発行者　中　川　　進

〒113-0033　東京都文京区本郷2-27-16

発行所　株式会社　大　月　書　店

印刷　太平印刷社
製本　中　永　製　本

電話(代表)03-3813-4651　FAX 03-3813-4656／振替 00130-7-16387
http://www.otsukishoten.co.jp/

ISBN 978-4-272-35060-5　C0036　Printed in Japan